SIR FRANCIS TROLOPP
(PAUL FEVAL.)

LA
FORÊT DE RENNES

II

PARIS,
CHEZ CHLENDOWSKI,
RUE DU JARDINET, 8.

1845

LA
FORÊT DE RENNES

PAR

SIR FRANCIS TROLOPP.

OUVRAGES DU MÊME AUTEUR :

Les Mystères de Londres, 11 vol. in-8°.

La Forêt de Rennes, 3 vol. in 8°.

SOUS PRESSE :

LES FANFARONS DU ROI.

Imprimerie Schneider et Langrand, rue d'Erfurth, 1.

LA
FORÊT DE RENNES

PAR

PAUL FEVAL.
(SIR FRANCIS TROLOPP.)

TOME DEUXIÈME.

PARIS,
EN VENTE, CHEZ CHLENDOWSKI,
8, RUE DU JARDINET.

—

1845

LE CONSEIL PRIVÉ

DE M. DE VAUNOY.

XVI.

Le capitaine dormait, rêvant peut-être tour à tour à la noble Alix et à l'humble fille de la forêt; car, malgré sa froideur systématique, il n'avait pu revoir la première sans une vive émotion. Jude arpentait la chambre et demandait à son honnête et simple cervelle un moyen de retrouver le fils de Treml. Béchameil dégustait en songe un blanc-manger. Mademoiselle Olive bâtissait un superbe château en Espagne où elle se voyait la dame et maîtresse d'un gentil officier de sa majesté le roi Louis XV. Enfin Alix cherchait en vain le sommeil et combattait la fièvre, car la pauvre jeune fille avait bien souffert ce soir. Elle ne voulait point interroger son cœur, et son cœur parlait en dépit d'elle : elle aimait. Or, la plus forte nature fléchit au premier souffle du désenchantement. Jusque alors elle n'avait point vu d'autre obstacle entre elle et le bonheur que son devoir ou la volonté de son père. Maintenant, c'était un abîme qui s'ouvrait devant elle : Didier l'avait oubliée.

Dans l'appartement privé de M. de Vaunoy, dont la double porte était soigneusement fermée, trois hommes étaient réunis et tenaient une sorte de conseil. C'étaient M. de Vaunoy lui-même, Alain, son maître d'hôtel, et le valet Lapierre.

Alain était maintenant un vieillard. Sa rude physionomie, sur laquelle une ivresse de chaque jour avait laissé d'ignobles traces, n'avait d'autre expression qu'une dureté stupide et impitoyable.

Lapierre pouvait avoir de quarante-cinq à cinquante ans. Son visage n'avait point le caractère breton : ses traits pointus, son regard cauteleux et comme effarouché se rapprochait davantage du type angevin. Il était en effet originaire de la partie méridionale de l'Anjou, terroir particulièrement fécond en vagabonds et en bateleurs. Jusqu'à l'âge de vingt-cinq ans, il avait exercé çà et là la respectable et triple profession de marchand de vulnéraire, avaleur de sabres et sauteur de corde. À cette époque il entra comme valet de pied dans la maison de monseigneur de Toulouse, qui n'était point encore gouverneur de Bretagne. Lapierre avait alors avec lui un jeune enfant dont il se servait pour attirer le public à ses parades. L'enfant était beau ; le comte de Toulouse le prit en affection, en fit son page ; puis, au bout de quelques années, le mit au nombre des gentilshommes de sa maison. Lapierre, resté valet, conçut une véritable rancune contre l'enfant autrefois son esclave, et maintenant son supérieur.

Lors du séjour à Rennes de monseigneur le gouverneur de Bretagne, il se présenta chez Vaunoy et demanda un entretien particulier. Cette conférence fut longue, et Vaunoy changea plus d'une fois de couleur aux paroles de l'ancien saltimbanque. Lapierre, avant de sortir, reçut une bourse bien garnie; et, peu de jours après, Vaunoy le prit à son service. Ce fut à dater de ce moment que le nouveau maître de la Tremlays commença à faire grand accueil au jeune page Didier, ce qui donna de furieux accès de jalousie à Antinoüs Béchameil, marquis de Nointel ;— ce fut peu de semaines après que Didier fut traîtreusement attaqué de nuit dans les rues de Rennes.

Il était plus de minuit. Hervé de Vaunoy

se promenait avec agitation, tandis que ses deux serviteurs se tenaient commodément assis auprès du foyer. Lapierre se balançait, en équilibre sur l'un des pieds de sa chaise, avec une adresse qui se ressentait de son ancien métier ; maître Alain caressait, sous sa jaquette, le ventre aimé de certaine bouteille de ferblanc large, carrée, toujours pleine d'eau-de-vie, à laquelle il guettait l'occasion de dire deux mots, et semblait combattre le sommeil.

— Saint Dieu ! saint Dieu ! saint Dieu !!! s'écria par trois fois M. de Vaunoy, qui frappa violemment du pied et s'arrêta juste en face de ses acolytes.

Maître Alain tressaillit, comme on fait

quand on s'éveille en sursaut. Lapierre ne perdit pas l'équilibre.

— Vous étiez trois contre un! reprit Vaunoy dont la colère allait croissant; c'était la nuit..... trois bonnes rapières, la nuit, contre une épée de bal! et vous l'avez manqué!..

— J'aurais voulu vous y voir, murmura pesamment maître Alain; — le jeune drôle se débattait comme un diable. Je veux mourir si je ne sentis pas dix fois le vent de son arme sous ma moustache.

— Moi, je sentis son arme de plus près, dit Lapierre, qui souleva le col de sa chemise et montra une cicatrice triangulaire; — et Joachim, notre pauvre compagnon, la sentit mieux encore que moi, car il resta sur la place. — Je prie Dieu qu'il ait son ame !

— Ainsi soit-il ! grommela maître Alain.

— Je prie le diable qu'il prenne la vôtre ! s'écria Vaunoy. Tu as eu peur, maître Alain ; et toi, Lapierre, méchant saltimbanque, tu t'es enfui avec ton égratignure.

— Il aurait fallu faire comme Joachim, n'est-ce pas ? demanda le maître-d'hôtel avec un commencement d'aigreur ; — oui... je sais bien que vous nous aimeriez mieux morts que vivans, notre monsieur...

— Tais-toi ! interrompit Hervé qui haussa les épaules avec impatience.

Alain obéit de mauvaise grâce, et M. de

Vaunoy reprit sa promenade solitaire, frappant du pied, serrant les poings et murmurant sur tous les tons son juron favori.

Les deux valets échangèrent un regard d'intelligence.

— Cela va lui coûter deux louis d'or, dit tout bas Lapierre.

Maître Alain saisit ce moment pour avaler une rasade, en faisant un signe de tête affirmatif, et tous deux se prirent à sourire sournoisement, comme des gens sûrs de leur fait.

Au bout de quelques minutes Vaunoy s'arrêta en effet subitement, et mit la main à sa poche.

— Saint Dieu! dit-il en reprenant son patelin sourire, je crois que je me suis fâché, mes dignes amis. La colère est un péché; j'en veux faire pénitence, et voici pour boire à ma santé, mes enfans.

Il tira deux louis de sa bourse. Les deux valets prirent et la paix fut faite.

— Raisonnons maintenant, poursuivit Vaunoy. Comment sortir d'embarras?

— Quand j'étais médecin ambulant, répondit Lapierre, et qu'une dose de mon élixir ne suffisait pas, j'en donnais une seconde.

— C'est cela! s'écria le majordome, à qui la bouteille carrée donnait de l'éloquence; il faut doubler la dose : nous étions trois, nous nous mettrons six.

— Et cette fois je réponds de la cure, ajouta l'ex-bateleur.

Vaunoy secoua la tête.

— Impossible, dit-il.

— Pourquoi cela?

— Parce qu'il se méfie... D'ailleurs les temps sont changés. Autrefois c'était un jeune fou, courant le guilledou les nuits, et sa mort n'eût point excité de soupçons. Je n'étais pas chargé de la police des rues de Rennes... Maintenant, c'est un officier du roi; il est mon hôte pour le bien de l'état. Son séjour à la Tremlays a quelque chose d'officiel : la sainte hospitalité, mes enfans, défend formellement de tuer un hôte, — à moins qu'on ne le puisse faire en toute sécurité.

Alain et Lapierre firent à cette bonne plaisanterie un accueil très flatteur.

— Il faut trouver autre chose, continua M. de Vaunoy.

Maître Alain se creusa la cervelle ; Lapierre fit semblant de chercher.

— Eh bien ! demanda Hervé au bout de quelques minutes.

— Je ne trouve rien, dit le majordome.

— Rien, répéta Lapierre ; — si ce n'est

peut-être... mais le poison ne vous sourit pas plus que le poignard, sans doute ?

— Encore moins, mon enfant... saint Dieu ! c'est une malheureuse affaire. D'un jour à l'autre le hasard peut lui révéler ce qu'il ne faut point qu'il sache... Et qui me dit d'ailleurs qu'il ne sait rien !... Quelle chambre lui a-t-on donnée ?

— La chambre de la nourrice, répondit Alain... Vous l'avez conduit jusqu'à la porte.

Vaunoy devint pâle.

— La chambre de la nourrice ! répéta-t-il en tressaillant ; — la chambre où était autrefois le berceau ! et je n'ai pas pris garde !

— Bah! reprit Lapierre, une chambre ressemble à une autre chambre.

— C'est évident, appuya le majordome qui dormait aux trois quarts.

Ceci ne parut point rassurer M. de Vaunoy, qui reprit avec inquiétude :

— Et ce valet malade? Il semblait avoir intérêt à se cacher... quel homme est-ce?

— Quant à cela, reprit Lapierre, c'est plus que je ne saurais vous dire. Il tenait son manteau sur ses yeux, et je n'ai pas même pu voir le bout de son nez.

— C'est étrange, murmura Vaunoy, porté comme toutes les ames bourrelées à voir l'événement le plus ordinaire sous un menaçant aspect; — je n'aime pas cette affectation de mystère. Je voudrais savoir quel est cet homme, je voudrais...

— Demain il fera jour, interrompit philosophiquement le saltimbanque émérite.

— Cette nuit! tout de suite! s'écria Vaunoy d'une voix brève et comme égarée. Quelque chose me dit que la présence de cet homme est un danger ou un malheur!... Suivez-moi!

Lapierre fut tenté de répondre que, selon toute apparence, le capitaine et son valet dormaient tous deux à cette heure avancée de la nuit; mais Vaunoy avait parlé d'un ton qui n'admettait point de réplique.

Les deux serviteurs se levèrent. Vaunoy ouvrit sans bruit la porte de son appartement, et tous trois s'engagèrent sans lumière dans le long corridor qui régnait d'une aile à l'autre.

Après avoir fait quelques pas, Hervé s'arrêta et pressa fortement le bras de son majordome.

— Ils ne dorment pas! dit-il à voix basse en montrant un point lumineux qui brillait dans l'ombre à l'autre bout du corridor.

C'était, en effet, de la chambre occupée par le capitaine que partait cette lueur.

— Que peuvent-ils faire à cette heure! reprit Vaunoy; — s'ils s'entretiennent, nous écouterons. Quelque mot viendra bien éteindre ou légitimer ma frayeur... Et si j'ai raison de craindre, s'il sait tout, ou seulement s'il soupçonne... Saint Dieu! sa mission ne le sauvera pas!

Ils continuèrent de se glisser le long des murailles. Le majordome, qui s'était complètement éveillé, marchait le premier. En arrivant auprès de la porte du capitaine, il colla son œil à la serrure.

Jude était agenouillé au chevet de son lit et priait, la tête entre ses deux mains. Maître Alain ne pouvait voir ses traits. Au bout de quelques secondes, le vieil écuyer termina sa prière et se redressa. La lumière tomba d'aplomb sur son visage.

Maître Alain se rejeta violemment en arrière.

— Je connais cet homme ! dit-il.

Vaunoy s'élança et mit à son tour son œil à la serrure ; mais il ne vit plus que la mèche rouge et fumeuse de la résine que Jude avait éteinte avant de se jeter sur son lit.

— Saint Dieu ! grinça-t-il en se relevant. Tu le connais, dis-tu ; —qui est-ce ?

Maître Alain se pressait le front, cherchant à rappeler ses souvenirs.

— Je le connais, je l'ai vu, dit-il enfin, mais où ? Je ne sais. Mais quand ?.... Il doit y avoir bien longtemps.

Vaunoy dévora un blasphème, et le philosophique Lapierre répéta :

— Demain il fera jour !

VISITE MATINALE.

XVII

Bien avant le jour, Jude Leker était sur pied. Il se leva sans bruit, afin de ne point éveiller son maître, qui dormait comme on dort à vingt-cinq ans après un long et fatigant voyage. Quoique le crépuscule n'é- clairât point la nuit opaque des interminables corridors, Jude y trouva son chemin sans tâtonner. Il était né au château et l'avait habité durant quarante années. Laissant le grand escalier, dont la double rampe desservait le premier étage, il gagna l'office et prit un couloir étroit qui conduisait aux communs. Beaucoup de choses avaient changé dans les coutumes de la Tremlays, mais les logemens des serviteurs avaient gardé leur disposition primitive. Sans cette circonstance, l'excellente mémoire de Jude ne lui eût point été d'un grand secours.

Il compta trois portes dans la galerie intérieure des communs et frappa à la quatrième.

Il est à croire que dame Goton Rebou,

femme de charge du château, ne recevait point d'ordinaire ses visites à une heure si indue. La bonne dame avait soixante ans, et, à cet âge, les femmes de charge ne craignent que les voleurs. Elle dormait ou faisait la sourde oreille : Jude ne reçut point de réponse.

Il frappa de nouveau et plus fort.

— Béni Jésus! dit la voix enrouée de la vieille dame; le feu est-il au château?

— C'est moi, c'est Jude, murmura celui-ci en frappant toujours; — Jude Leker.

Goton n'était point une femmelette. Elle prit un gourdin et s'en alla ouvrir, bien que son oreille, rendue paresseuse par l'âge, n'eût pas saisi une syllabe des paroles de Jude.

— On y va! on y va! grommelait-elle; si ce sont les Loups, hé bien! je leur parlerai du vieux Treml, et ils ne toucheront pas un fétu dans la maison qui fut la sienne;
— si ce sont des esprits...

Elle fit un signe de croix et s'arrêta.

— Ouvrez donc! dit Jude.

— Si ce sont des esprits, hé bien!... j'aimerais mieux les Loups.

Elle ouvrit et mit son gourdin en travers.

— Qui vive? dit-elle.

— Chut! dame, silence au nom de Dieu!

— Qui vive! répéta l'intrépide vieille en levant son bâton.

Jude la saisit, entra et ferma la porte.

— Un homme dont il ne faut point répéter le nom sans nécessité dans la demeure de Treml, répondit-il.

— La demeure de Treml! répéta Goton qui sentit tressauter son cœur à ce nom; — merci, qui que vous soyez! Il y a vingt ans que je n'avais entendu donner son véritable nom à la maison qu'habite Hervé de Vaunoy.

Jude tendit sa main dans l'ombre; celle

de Goton fit la moitié du chemin. Elle n'avait pas besoin de voir. Ce fut comme un salut maçonnique et mystérieux entre ces deux fidèles serviteurs.

— Mais qui donc es-tu, demanda enfin la vieille femme, toi qui te souviens de Treml ?

Jude prononça son nom.

— Jude! s'écria Goton, oubliant toute prudence; — Jude Leker! l'écuyer de notre monsieur! oh! que je te voie, mon homme, que je te voie!

Tremblante et oppressée, elle courut à tâtons, cherchant son briquet et ne le trouvant point. Enfin sa résine s'alluma. Elle regarda Jude longtemps et comme en extase.

— Et lui? dit-elle, le reverrons-nous?

— Mort, répondit Jude.

Goton se mit à genoux, joignit ses mains et récita un *de profundis*. De grosses larmes coulaient lentement le long de sa joue ridée. Quiconque l'aurait vue à ce moment se serait senti puissamment attendri, car rien n'émeut comme les larmes qui roulent sur un rude visage, et tel qui passe en souriant devant deux beaux yeux en pleurs, pâlit et souffre quand il voit s'humecter la paupière d'un soldat. Jude se tut tant que Goton pria. Il semblait qu'il voulût maintenant prolonger son incertitude et qu'il reculât, effrayé, devant la révélation qu'il était venu chercher.

Lorsqu'il prit la parole, ce fut d'une voix péniblement accentuée.

— Et le petit monsieur? dit-il enfin avec effort.

— Georges Treml?... Vingt ans se sont écoulés depuis que je l'ai vu pour la dernière fois, le noble et cher enfant, sourire et me tendre ses petits bras dans son berceau.

— Mort!... mort aussi! prononça Jude dont le robuste corps s'affaissa.

Il mit ses deux mains sur son visage; sa poitrine se souleva en un déchirant sanglot.

— Je n'ai pas dit cela, s'écria Goton ; non, je ne l'ai pas dit... Et Dieu me préserve de le croire!... Pourtant... Hélas! Jude, mon ami, depuis vingt ans j'espère, et chaque année use mon espoir.

Jude attacha sur elle ses yeux fixes. Il ne comprenait point.

— Oui, reprit-elle, je voudrais espérer. Je me dis : Quelque jour je verrai revenir notre petit monsieur, grand et fort, la tête haute, la mine fière, l'épée au flanc... Hélas! hélas! il y a si longtemps que je me dis cela!

— Mais enfin, dame, que savez-vous sur le sort de Georges Treml?

— Je sais... je ne sais rien, mon homme... Un soir, — approche ici, car il ne faut point dire cela tout haut, — un soir, Hervé de Vaunoy revint tout pâle et l'œil hagard. Il nous dit que l'enfant s'était noyé dans l'étang de la Tremlays. On courut, on sonda le fond de l'eau ; mais on ne trouva point le corps de Georges...

Jude écoutait, la poitrine haletante, l'œil grand ouvert.

— Et c'est sur cela, interrompit-il, que se fonde votre espoir ?

— Non... Te souvient-il d'un pauvre idiot de la forêt que l'on nommait le lapin blanc ?

— Je me souviens de Jean Blanc, dame.

— Pauvre créature! Il aimait Treml presque autant que nous l'aimons...

— Mais Georges, Georges! interrompit encore Jude.

— Eh bien, mon homme, Jean Blanc racontait d'étranges choses dans la forêt. Il disait que Hervé de Vaunoy avait jeté à l'eau le petit monsieur de ses propres mains.

— Il disait cela! s'écria Jude dont l'œil étincela de colère.

— Il disait cela, oui... et, quoiqu'il passât pour un pauvre fou, je crois qu'il disait vrai toutes les fois qu'il parlait de Treml. Mais ce n'est pas tout. Jean Blanc ajoutait qu'il avait plongé au fond de l'étang et ramené M. Georges évanoui...

— Ah !... fit le bon écuyer avec un long soupir de bien-être.

— Puis, poursuivit Goton, il fut pris d'un de ses accès, et le pauvre enfant resta tout seul sur l'herbe... Et, quand le lapin blanc revint, il n'y avait plus d'enfant.

— Ah ! fit encore Jude.

— Et il y a vingt ans de cela, mon homme !

Jude demeura un instant comme attéré.

— Où est Jean Blanc ? dit-il ensuite ; je veux le voir.

Goton secoua lentement sa tête chenue.

— Pauvre créature ! dit-elle encore ; — il ne fait pas bon pour un pauvre homme affronter la colère d'un homme puissant. Hervé de Vaunoy apprit les bruits qui couraient dans la forêt. On tourmenta Mathieu Blanc et son fils par rapport à l'impôt. Le vieillard mourut; le fils disparut... Quelques-uns disent qu'il s'est fait Loup.

— J'ai entendu déjà prononcer ce mot. Quels sont donc ces gens, dame?

— Ce sont des Bretons, mon homme, qui se défendent et qui se vengent. On leur a donné ce nom parce que leur retraite avoisine la Fosse-aux-Loups. Chacun sait cela, mais nul ne pourrait trouver son issue. Eux-mêmes semblent prendre à tâche d'accréditer ce sobriquet qui fait peur aux poltrons. Leurs masques sont en peaux de loup ; il n'y a que leur chef qui porte un masque blanc.

— J'irai trouver les Loups, dit Jude.

La vieille dame réfléchit un instant.

— Écoute, reprit-elle ensuite ; il est un homme dans la forêt qui pourrait te dire peut-être si Jean Blanc existe encore. Cet homme est un Breton, quoiqu'il feigne souvent de parler comme s'il avait le cœur d'un Français. Il me souvient qu'au temps où il vint s'établir de ce côté de la forêt, les sabotiers disaient que sa fille, qui était alors un enfant, avait tous les traits de la fille de Jean Blanc, le pauvre fou. Certains même affirmaient la reconnaître.

— Où trouver cet homme ?

— Sa loge est à cent pas de Notre-Dame-de-Mi-Forêt.

— Il se nomme?...

— Pelo Rouan, le charbonnier.

Le jour commençait à poindre. La résine pâlissait aux premiers rayons du crépuscule.

— Au revoir et merci, dame, dit Jude; je verrai Pelo Rouan avant qu'il soit une heure.

Il serra la main de Goton et sortit.

— Que Dieu soit avec toi, mon homme! murmura la vieille femme de charge en le suivant du regard, tandis qu'il traversait les longs corridors; il y avait longtemps que mon pauvre cœur n'avait ressenti pareille joie. — Que Dieu soit avec toi, et puisses-tu ramener en ses domaines l'héritier de Treml!

Goton avait plus de désir que d'espérance, car elle secoua tristement la tête en prononçant ces dernières paroles.

RÊVES.

XVIII

Lorsque Judè, après avoir traversé les longs corridors, revint à la chambre où il avait passé la nuit, le capitaine dormait encore. Son visage, calme et souriant, annonçait ce bonheur complet que l'on goûte parfois en rêve, et non pas ailleurs. Jude le contempla durant un instant.

— C'est un loyal jeune homme! pensa-t-il ; ses traits hardis et fiers me rappellent le vieux Treml au temps où sa moustache était noire... Il est heureux, lui! Oh, que je donnerais de bon cœur tout mon sang pour voir M. Georges à sa place!

Jude reprit son grand manteau de voyage, afin de pouvoir cacher ses traits en cas de rencontre suspecte. Le jour était venu. Les premiers rayons du soleil levant se jouaient dans la soie des rideaux. Au moment où Jude ceignait son épée pour partir, Didier s'agita sur sa couche.

— Alix! murmura-t-il.

— Voici dans la cour tous les serviteurs du château, se dit Jude, j'aurai de la peine à passer inaperçu.

— Marie ! murmura encore Didier.

Jude le regarda en souriant.

— Bravo ! mon jeune maître, pensa-t-il ; ne rêverez-vous pas à quelque autre maintenant ?

— Fleur-des-Genêts ! s'écria le capitaine, comme s'il eût voulu relever le défi.

En même temps il se dressa, éveillé, sur son séant.

— C'est toi, ami Jude, reprit-il après avoir jeté ses regards tout autour de la chambre, comme s'il se fût attendu à voir un autre visage; — je crois que je rêvais.

— Vous pouvez l'affirmer, monsieur, et joyeusement, répondit Jude.

L'œil de Didier s'arrêta par hasard sur les antiques rideaux que perçaient les rayons obliques du soleil. Son sourire, qui ne l'avait point abandonné, s'épanouit davantage.

— Les poètes ont bien raison, dit-il comme s'il se fût parlé à lui-même, de vanter les joies du retour au toit paternel. Moi, qui n'ai point de famille, je ressens ici comme un avant-goût de ce bonheur... Et tiens, Jude, mon garçon, l'illusion s'accroît : il me semble qu'enfant, j'ai vu jouer le soleil d'automne dans des rideaux de soie comme ceux-ci... Sentiment étrange, Jude! enfant, sans père, j'éprouve ici comme un ressouvenir lointain de baisers, de soins chers et de douces paroles...

— Monsieur, interrompit le vieil écuyer, je vais prendre congé de vous afin de commencer ma tâche.

— Reste, Jude, quelques minutes, un instant, — je t'en prie!... Mon cœur s'amollit au contact de pensées nouvelles..... Je ne sais, mes yeux ont besoin de pleurer, Jude!

— Souffrez-vous donc? dit celui-ci en s'approchant aussitôt.

Didier laissa tomber sa main dans celle

du vieillard, et renversa sa tête sur l'oreiller.

— Non, répondit-il, je ne souffre pas ; au contraire, je ne voudrais point ne pas éprouver ce que j'éprouve ; car cette angoisse inconnue est pleine de douceur... Qu'ils sont heureux, Jude, ceux qui ont de vrais souvenirs !

— Ceux-là, répliqua l'écuyer avec tristesse, ne revoient parfois jamais la maison des ancêtres. Ce doit être une amère douleur, n'est-ce pas, que celle de l'enfant qui se souvient à demi, et qui meurt avant d'avoir retrouvé la demeure de son père ?

— Tu penses à Georges Treml, mon pauvre Jude ?

— Je pense à Georges Treml, monsieur.

— Toujours!... Dieu t'aidera, mon garçon, car ton dévoûment est œuvre chrétienne... Allons, voici un nuage qui couvre le soleil. Le charme s'évanouit. Je redeviens le capitaine Didier, et je suis prêt à jurer maintenant que j'ai vu, enfant, plus de rideaux de bure que de tentures de soie... Va, mon garçon, je ne te retiens plus.

Didier, secouant un reste de langueur rêveuse, avait sauté hors de son lit. Jude, avant de partir, jeta un regard dans la cour et reconnut maître Alain qui s'entretenait avec Lapierre.

— Il est bien tard maintenant, dit-il,

pour m'esquiver inaperçu. Je vois là-bas un homme dont j'aurai de la peine à éviter les regards.

— Lequel? demanda Didier en s'approchant de la fenêtre; — Lapierre?

— Je ne sais s'il a changé de nom, mais on l'appelait de mon temps maître Alain. C'est le plus vieux des deux.

— A la bonne heure. Et c'est celui-là que tu nommais hier ton ennemi?

— Celui-là même.

— Eh bien! mon garçon, l'autre est le mien.

— Un valet, votre ennemi?

— Cela t'étonne? Faut-il donc te répéter que je ne suis point gentilhomme? Ce valet est le seul être au monde qui sache le secret de ma naissance. Il ne veut point le dire, et c'est son droit. Il prétend m'avoir autrefois servi de père... Tu vois bien ceci?

Didier, qui n'était point encore vêtu, écarta sa chemise et montra par derrière, à la naissance de l'épaule, une cicatrice encore récente.

— C'est une blessure faite traîtreusement et par la main d'un misérable, dit Jude en fronçant le sourcil.

— Tu t'y connais, mon garçon. J'ai tout lieu de croire que le misérable est cet homme; mais, si je ne suis pas noble, je suis soldat, et ma main ne s'abaissera point volontiers jusqu'à lui.

— Moi, je suis un valet, dit Jude avec froideur ; prononcez un mot et je le châtie.

— Voilà que tu oublies Georges Treml, s'écria Didier en souriant. Sur mon honneur ! il y a de la fine fleur de chevalerie dans ces vieux cœurs bretons. Pensons à ton jeune monsieur, mon brave ami : Je ne sais pas ce que tu peux tenter pour son service ; c'est ton secret. Mais j'ai promis de t'aider et je t'aiderai. Descendons ensemble : M. de Vaunoy est un trop soumis et dévoué sujet de sa majesté pour que sa livrée ose regarder de plus près qu'il ne convient le serviteur d'un capitaine de la maréchaussée.

Jude mit son manteau sur sa figure et descendit suivi du capitaine.

Alain et Lapierre étaient toujours dans la cour. Ils s'inclinèrent avec respect devant Didier, qui toucha négligemment son feutre.

— Qu'on selle le cheval de mon serviteur, dit-il.

Lapierre se hâta d'obéir. Le majordome resta.

— Mon camarade, dit-il à Judé, votre maladie exige-t-elle donc que vous ayez toujours le nez dans le manteau? Les gens de la Tremlays n'ont point pu encore vous souhaiter la bienvenue.

— Que dit-on des Loups dans le pays, maître? demanda Didier pour éviter à Judé l'embarras de répondre.

— On dit que ce sont de méchantes bêtes, monsieur le capitaine.... N'accepterez-vous pas un verre de cidre, mon camarade ?

— Que font les gens de la forêt ? demanda encore Didier.

— Monsieur le capitaine, répondit Alain de mauvaise grâce, ils font du cercle, du charbon et des sabots... Eh bien, mon camarade ? ajouta-t-il en exhibant son *vade mecum*, c'est-à-dire sa bouteille de ferblanc; — aimez-vous mieux une goutte d'eau-de-vie ?

Maître Alain fut interrompu par Lapierre qui amenait le cheval de Jude. Celui-ci se mit aussitôt en selle. Dans le mouvement qu'il fit pour cela, son manteau s'écarta quelque peu. Le majordome, qui était aux aguets, put voir une partie de son visage.

— Du diable, si je connais autre chose que cette figure-là ! grommela-t-il ; où donc l'ai-je vue?... Je me fais vieux!

— Tu me rejoindras ce soir à Rennes, mon garçon, s'écria Didier. — En route maintenant, et bonne chance!

Jude ne se fit point répéter cet ordre ; il piqua des deux et partit au galop.

Quand il eut franchi la porte de la cour, le capitaine se retourna vers les deux valets de Vaunoy.

— Vous êtes curieux, maître, dit-il à Alain ; c'est un fâcheux défaut et qui ne porte point bonheur. — Quant à toi, ajouta-t-il en s'adressant à Lapierre, prends garde !

Il s'éloigna. Les deux valets le suivirent des yeux.

— Prends garde ! répéta ironiquement Lapierre ; — que dites-vous de cela, maître Alain ?

— Le jeune coq chante haut ; on dirait qu'il se sent de race... Pour ce qui est de prendre garde, c'est toujours un bon conseil.

Didier avait pris, sans savoir, la direction du jardin. Il se trouva bientôt au milieu des hautes charmilles taillées à pic et formant l'inévitable et classique labyrinthe des jardins du dix-huitième siècle. De temps en temps, quelques statues de marbre blanc s'apercevaient à travers les branches qui se ressentaient déjà des approches de l'hiver. Didier jetait sur tout cela un regard distrait. Involontairement, son esprit était revenu aux pensées qui avaient préoccupé son réveil. Comme il arrive souvent aux esprits vifs et poétiques, il lui suffit, pour ainsi dire, d'évoquer l'illusion pour qu'elle reparût. Ces grandes murailles de verdure devinrent pour lui de vieilles connaissances. Il se retrouva dans ces dédales, et, quoique leur artifice fût assez innocent pour que la chose pût sembler naturelle, il crut ou tâcha de croire que le souvenir était pour lui le fil d'Ariadne.

— Voyons, se disait-il d'un ton moitié enjoué moitié sérieux; — voyons si je me trompe!... si je me souviens ou si je divague! Ma mémoire, — ou mon imagination — me dit qu'au bout de cette allée, à droite, il y a un berceau, et dans ce berceau une statue de nymphe antique..... Voyons!

Il prit sa course impatient et inquiet; car l'illusion avait grandi, et il en était déjà à craindre une déception.

A quelques pas de l'endroit où la charmille faisait un coude, il s'arrêta et glissa son regard à travers les branches.

Il devint pâle; mit la main sur son cœur et laissa échapper un cri. Berceau et statue étaient là devant ses yeux.

Seulement, au cri qu'il poussa la statue, charmante nymphe vêtue de blanc, tressaillit vivement et se retourna.

SOUS LA CHARMILLE.

XIX

L'illusion s'enfuit tambour battant. Dans cette gageure qu'il avait engagée contre lui-même, Didier avait parié pour un berceau et une statue. Le berceau existait, mais ce qu'il venait de prendre pour une statue était une ravissante jeune fille en chair et en os, mademoiselle Alix de Vaunoy de la Tremlays.

La méprise, du reste, était fort excusable. Au moment où Didier l'avait aperçue, mademoiselle de Vaunoy lui tournait le dos. Elle était debout et immobile au centre du berceau, lisant une lettre froissée et sans doute bien souvent relue, qu'elle venait de tirer de son sein. Ses beaux cheveux noirs avaient, ce matin, de la poudre, et une robe de mousseline blanche formait toute sa toilette.

Au cri poussé par Didier, elle se retourna, comme nous l'avons dit, et le papier qu'elle lisait s'échappa de sa main tremblante.

Son premier mouvement fut de fuir, mais la réflexion la retint. Elle fit même un pas vers le coude de la charmille, où, suivant toute apparence, Didier allait se montrer. Elle avait reconnu sa voix.

Mademoiselle de Vaunoy avait sur le visage cette pâleur que donne une nuit sans sommeil. Son regard, ordinairement hardi dans sa douceur, était triste, timide et grave. Didier s'avança vers elle d'un air embarrassé. Pour prendre contenance, il se baissa et releva la lettre qu'Alix avait laissé tomber. Cette lettre était de lui. Il la reconnut et son malaise augmenta en même temps qu'il se communiquait à sa compagne, dont une vive rougeur colora les joues.

— C'est la lettre que vous crûtes devoir m'écrire pour m'annoncer votre départ, murmura-t-elle si bas que Didier eût peine à l'entendre. — Je suis heureuse qu'elle soit tombée entre vos mains, car vous la garderez, monsieur.

Ces paroles peuvent sembler bien simples, bien insignifiantes, mais qui ne sait que, entre gens qui s'aiment ou qui se sont aimés, les paroles ne veulent rien dire ? En parlant ainsi, Alix avait les yeux baissés ; sa belle bouche se fronçait comme pour retenir une plainte. Il y avait dans sa voix un amour vainqueur, combattu par une résignation forte, mais impuissante.

Didier la contemplait avec respect, regret et tendresse, car la douleur fièrement supportée inspire le respect, — car on regrette souvent de ne plus aimer quand l'amour a fini par inconstance et non par lassitude, — car il y a un sentiment affectueux, délicat, dévoué, qui survit en toute ame noble à la passion éteinte. Et d'ailleurs, Didier savait-il bien ce qui était au fond de son propre cœur? En présence de cette femme si belle, pouvait-il être certain de n'aimer plus? En ce siècle, la morale était peu chevaleresque. Aimer deux femmes semblait péché véniel, sinon acte méritoire. Certes, Didier n'était point en cela de son siècle. Son caractère franc et loyal repoussait toute idée de tromperie, mais il avait vingt-cinq ans, et le cœur est si large à cet âge !

Il prit la main d'Alix qu'il porta galamment à ses lèvres.

— Ce que j'écrivais alors, dit-il, je ressens toujours. Est-ce donc que vous auriez changé, Alix?

— Moi! répondit-elle avec une naïve surprise. Non... ce n'est pas moi qui ai changé, monsieur.

Ce fut Didier qui baissa les yeux à son tour.

— Ecoutez, reprit mademoiselle de Vaunoy, dont un mélancolique sourire éclaira le front pâle; — il vaut mieux que cela soit ainsi. C'étaient de folles amours que les nôtres, Didier. Quand je vous ai retrouvé hier froid, indifférent, oublieux, j'ai remercié Dieu, car votre oubli est un bonheur pour tous deux.

— Je ne vous comprends pas, balbutia le capitaine ; — cet oubli prétendu...

— Il est réel... bien réel ! je le veux, je l'espère.

— Vous l'espérez, Alix ! dit amèrement le jeune homme.

— Oui, répéta mademoiselle de Vaunoy dont le cœur se brisait, mais qui garda son sourire ; — je l'espère.

Si elle eût parlé ainsi à dessein et dans un but de coquetterie, nous devrions lui décerner un brevet de suprême habileté. Ce mot, en effet, descendit jusqu'au fond du cœur de Didier et alla remuer ce qui restait des cendres d'un amour presque éteint. Il releva ses yeux brillans d'impatience et interrogea la jeune fille du regard. Ce regard était plein de dépit, de désappointement et d'espoir. C'était un regard d'amant.

Mais mademoiselle de Vaunoy, qui pouvait bien être coquette à l'occasion comme l'est toute fille d'Eve, ne songeait guère à jouer un rôle en ce moment.

— Ce papier renferme bien des folies, reprit-elle en montrant du doigt la lettre que Didier tenait encore à la main ; — nous étions deux enfans... Le temps a passé sur tout cela, et le temps emporte tout, jusqu'au souvenir... Ne m'interrompez plus, Didier. Je sais ce que vous allez dire. Ma vue a fait vibrer en vous une corde qui se taisait depuis bien longtemps. Vous êtes ému, et, prenant votre émotion pour de l'amour, vous êtes prêt à renouveler vos sermens d'autrefois. Moi, je ne puis ni ne veux les écouter.

— Mais, Alix, au nom de Dieu, croyez-moi! s'écria le capitaine! — mon cœur n'a point changé.

— C'est une belle jeune fille! interrompit mademoiselle de Vaunoy dont la voix trembla légèrement. — Son regard est pur comme le regard d'un ange. Elle a seize ans; elle vous aime... si vous ne l'aimiez pas, Didier, la pauvre enfant serait bien malheureuse!

Alix s'arrêta pour respirer avec effort.

Le capitaine froissait la lettre avec un dépit distrait et boudeur.

— Mais vous l'aimez, poursuivit Alix, vous l'aimez, n'est-ce pas ?

— Qui ? prononça faiblement Didier qui commençait à comprendre.

— Son nom est sur votre lèvre comme il est dans votre cœur... Tant mieux ! je suis contente !

— Je ne sais d'où vient ce soupçon...

— Ce n'est pas un soupçon... Il y a, voyez-vous, une sorte de fraternité entre nous autres filles de la forêt. Je suis noble et riche, elle est paysanne et pauvre ; mais, enfans, nous nous sommes rencontrées souvent dans les bruyères. Nous avons joué autrefois comme deux sœurs sous les grands chênes qui protègent Notre-Dame-de-Mi-Forêt... Je l'avais apprivoisée, la petite sauvage! Depuis, tandis qu'elle restait dans sa solitude, je faisais, moi, connaissance avec le monde; — tandis qu'elle courait, libre, sous le couvert, j'apprenais mes devoirs de fille noble... j'apprenais à porter le velours et la soie, à parler, à me taire, à sourire... Etrange destinée! elle, dans sa solitude, moi, au milieu des somptueuses fêtes de Rennes, nous avons subi toutes deux le même sort... elle a donné son cœur à l'homme que je... que je croyais aimer.

— Vous ne m'aimez donc pas, Alix!

— Qu'importe? nous ne parlons plus de

moi... Un jour, il y avait deux mois que vous étiez parti, Didier,—je me promenais seule dans la forêt, songeant aux belles fêtes de monseigneur le comte de Toulouse, songeant à vous peut-être, lorsque j'entendis une voix connue qui chantait sous le couvert la complainte d'Arthur de Bretagne...

— Fleur-des-Genêts! balbutia le capitaine.

Alix tressaillit douloureusement.

— Fleur-des-Genêts, répéta-t-elle. Vous savez enfin de qui je parle, Didier... Il y avait bien longtemps que je ne l'avais vue. Que je la trouvai belle! Elle me reconnut tout de suite et vint à moi les bras ouverts.

Puis elle prit dans son panier de chèvrefeuille un beau bouquet de primevères qu'elle attacha sur mon sein. — Puis encore elle me parla de vous.

— De moi ! prononça automatiquement Didier.

— Elle ne vous nomma point, mais je vous reconnus... J'étais folle encore alors, monsieur ; je sentis mon cœur se serrer.

Le capitaine avança timidement sa main pour prendre celle d'Alix.

— Hélas, mademoiselle, dit-il, je suis bien coupable envers vous... envers toutes deux peut-être...

— Envers elle seulement, monsieur, si vous dites un mot de plus... N'oubliez pas que vous l'aimez ; n'oubliez pas qu'elle vous aime...

— Mais vous, Alix ?

Il n'y avait point de fatuité dans cette interrogation qui partit du cœur.

— Moi !... oh ! je vais vous dire tout à l'heure la brillante destinée qu'on me propose... Un mot encore sur elle. Comptez-vous l'épouser ?

Didier ne s'était à coup sûr jamais fait cette question. Il ne sut point y répondre. Mademoiselle de Vaunoy fronça légèrement ses noirs et délicats sourcils.

— Vous comptez l'épouser, reprit-elle d'une voix grave. Ce doit être votre désir et c'est votre devoir... Elle est pauvre, mais vous avez votre épée, et vous n'êtes point de ceux que leur naissance enchaîne.

En prononçant ces derniers mots, Alix avait réussi à dépouiller toute mélancolique expression. Elle parlait d'un ton ferme et convaincu.

— Je ne suis pas gentilhomme, répondit le capitaine; je le sais..... Peut-être n'était-il pas besoin de me rappeler la distance qui nous sépare... vous avez oublié; je tâcherai d'avoir le courage de vous imiter en cela... mais ne plaidez plus la cause de Marie, Alix, car mon cœur est faible, et, en vous voyant si noble, si généreuse !...

— Puisque j'ai oublié ! interrompit Alix qui reprit son sourire.

Le capitaine se mordit la lèvre. Son rôle devenait de plus en plus embarrassant. Il entrevoyait l'amour, l'amour puissant et vivace, à travers la froideur de mademoiselle de Vaunoy ; mais elle niait cet amour et semblait vouloir se retrancher derrière la différence de leurs positions sociales. Trop forte et trop fière pour permettre la pitié, elle prenait les devans, et c'était elle qui prononçait des mots de rupture. D'un autre côté, le souvenir évoqué de Marie plaidait éloquemment. Didier voyait son suave sourire derrière le sourire hautain d'Alix. C'est beaucoup, pour un cœur qui flotte entre deux amours, de comparer l'absente à celle qui est là, belle, brillante ; l'absente, en ce cas, est certainement la préférée ; — mais l'autre ? Soyons clémens.

La constance serait-elle une vertu si précieuse si elle était moins rare? — Didier, en ce moment, voyait trouble au fond de son cœur. Il ne savait. Peut-être fût-il resté froid devant Alix éplorée; mais Alix lui demandait grâce pour Marie. L'ame humaine est faible contre les surprises.

— Non, dit-il après un silence, vous n'avez pas oublié, Alix... C'est impossible!...

Ce mot était trop vrai pour ne point aller au cœur de mademoiselle de Vaunoy. Mais il y avait loin de son cœur à son visage, parce que son visage obéissait à sa vigoureuse volonté.

— Vous faut-il des preuves, demanda-t-elle en refoulant par un puissant effort l'émotion qui amenait les larmes au seuil de sa paupière ; — Didier, si je vous aimais encore, je ne serais pas auprès de vous... Puisqu'il faut vous le dire clairement, monsieur, j'ai les faiblesses et les préjugés de ma caste. Je suis Vaunoy de la Tremlays ; il ne faut point que mon époux, — si jamais je me marie, — m'impose un nom qui ne vaille pas le nom de mon père.

— Dites-vous donc vrai ! s'écria Didier.

— Je dis vrai... mais laissons cela.

— Oh ! oui, laissons cela, mademoiselle. Plût à Dieu que nous n'eussions jamais abordé ce sujet. J'aurais gardé mon admiration entière... Je vous croyais si supérieure aux autres femmes !

Alix ne put retenir un soupir, mais ce fut l'affaire d'une seconde, et elle reprit d'un ton enjoué :

— Causons comme de vieux amis qui se revoient après une longue absence. Vous ne savez pas ? mon père veut me marier.

— Ah ! fit Didier avec soupçon.

Puis il ajouta, en imposant à sa voix un accent de raillerie :

— C'est sans doute là le motif ?...

— Non... l'homme qu'on veut me donner pour époux ne pourrait vous faire ombrage si vous étiez pour moi autre chose qu'un ami... Je ne serai jamais sa femme.

— N'a-t-il pas un nom qui soit au niveau du vôtre ? demanda Didier raillant toujours.

— C'est M. Béchameil, marquis de Nointel, intendant royal de l'impôt.

Didier éclata de rire. — Comme s'il y avait eu de l'écho sous la charmille, un autre rire, épais et bruyant retentit à une vingtaine de pas.

— Ce sont eux ! s'écria Alix. Mon Dieu ! je ne vous ai pas dit tout ce que j'avais à vous dire... Nous nous reverrons, Didier.

Elle s'enfuit précipitamment, laissant le capitaine étourdi de cette brusque disparition.

— M'aime-t-elle encore? se dit-il.

Quant à mademoiselle de Vaunoy, dès qu'elle fut seule des larmes jaillirent de ses yeux.

— Mon Dieu! mon Dieu! murmura-t-elle, — l'aimerai-je donc toujours !

L'éclat de rire se répéta sous la charmille. Un bruit de voix s'y joignit, et bientôt, au tournant de l'allée, débouchèrent MM. de Vaunoy et de Béchameil.

AVANT ET APRÈS DÉJEUNER.

XX

Vaunoy et l'intendant royal semblaient de fort heureuse humeur. Ils s'avancèrent avec empressement vers Didier qui avait peine à se remettre, et gardait une contenance embarrassée.

— Nous arrivons ici, mon cher hôte, dit Vaunoy, guidés par vos éclats de rire. La promenade solitaire vous rend-elle donc si joyeux ?

— Ai-je ri ? demanda machinalement Didier.

— Oui, saint Dieu ! vous avez ri.

— Le fait est que vous avez ri, dit Béchameil. — J'ai l'honneur de vous présenter le bonjour.

— Je ne me souviens pas... commença Didier.

— Eh ! dit Vaunoy, avisant le papier que celui-ci tenait encore à la main, — c'est sans doute cette lettre qui causait votre hilarité matinale.

— Je ne serais pas éloigné de le croire, appuya Béchameil ; veuillez me donner, je vous prie, des nouvelles de votre santé.

Didier froissa la lettre, et la déchira en tout petits morceaux. Cela fait, il salua l'intendant royal et lui répondit par quelque banale politesse.

M. de Béchameil avait complètement mis bas ses fâcheuses dispositions de la veille. Vaunoy venait de lui faire entendre qu'il n'avait rien à craindre d'un semblable rival, et que la main d'Alix lui était assurée. Aussi se sentait-il porté vers Didier d'une bienveillance inaccoutumée. Quant à Vaunoy, il n'avait point dépouillé son masque de bonhomie. On eût dit un brave oncle abordant son neveu chéri.

— Messieurs, dit le capitaine, dont la froideur contrastait fort avec la cordialité de ses hôtes, — vous plairait-il que nous parlions maintenant de ce qui concerne le service de sa majesté ?

— Assurément, répondit Vaunoy.

Et Béchameil répéta :

— Assurément... Pourtant, ajouta-t-il après réflexions, je pense, sauf avis meilleur, qu'il serait convenable de déjeûner d'abord.

— Fi! monsieur de Béchameil, dit Vaunoy en souriant.

— Mettez, monsieur mon ami, que je n'aie point parlé... Je préfère évidemment le service du roi au déjeûner... et même au dîner...... Mais ceci n'empêche point qu'un déjeûner refroidi soit une triste chose... Nous écoutons monsieur le capitaine.

Didier tira de son portefeuille un parchemin sur lequel Vaunoy jeta les yeux pour la forme. Béchameil, en lisant le seing royal, crut devoir ôter son feutre et prier Dieu qu'il bénît sa majesté.

— Sur la proposition de S. A. S. monseigneur le comte de Toulouse, gouverneur de Bretagne, dit le capitaine, le roi m'a conféré mission d'escorter les fonds provenant de l'impôt, à travers cette contrée qui passe pour dangereuse...

— Et qui l'est! interrompit Vaunoy.

— Qui l'est énormément ! ajouta Béchameil.

— Le roi m'a chargé en outre, reprit Didier, de veiller à la perception des tailles, et son altesse sérénissime m'a donné mission particulière de poursuivre et détruire, par tous moyens, cette poignée de rebelles qui portent le nom de *Loups*.

— Que Dieu vous aide! dit Vaunoy. C'est là, mon jeune ami, une noble mission.

— Une mission que je ne vous envie en aucune façon, mon jeune maître, pensa tout bas Béchameil... Dieu vous assiste ! prononça-t-il à haute voix.

— Je vous rends grâces, messieurs;

Dieu protége la France, et son aide ne nous manquera point... Je pense que la vôtre ne me fera pas défaut davantage ?

A cette question, faite d'un ton de brusque franchise, Vaunoy répondit par une inclination de tête accompagnée d'un diplomatique sourire. Béchameil, malgré sa bonne envie, ne put imiter que l'inclination. Ce gastronome n'était point diplomate. — Didier crut devoir insister.

— Je puis compter sur votre aide ? demanda-t-il une seconde fois.

— A plus d'un titre, mon jeune ami : pour vous-même et pour sa majesté.

— Je m'en réfère aux paroles de M. de Vaunoy, dit Béchameil.

— Merci, messieurs. Je n'attendais pas moins de deux loyaux sujets du roi. Je fais grand fonds sur votre secours, et vous préviens à l'avance que je ne ménagerai point votre bonne volonté... Veuillez me prêter attention.

Béchameil tira sa montre et constata avec douleur que l'heure normale du déjeûner était passée depuis dix minutes. Il poussa un profond soupir, n'osant pas manifester plus clairement son chagrin.

— Je ne suis point arrivé jusqu'ici, reprit Didier, sans avoir arrêté mon plan de campagne. Toutes mes mesures sont prises. La maréchaussée de Rennes est prévenue ; celle de Laval marche sur la Bretagne à l'heure où je vous parle. Les sergenteries de Vitré, de Fougères et de Louvigné-du-Désert me seconderont au besoin.

— A la bonne heure! s'écria Béchameil; tout cela formera une armée respectable.

— Trois cents hommes environ, monsieur.

— Ce n'est pas assez, dit Vaunoy; les Loups sont en nombre quadruple.

Béchameil modéra sa joie.

— J'avais cru qu'ils étaient plus nombreux que cela, répartit froidement le capitaine. Nous serons un contre quatre... C'est beaucoup!

— Je ne saisis pas bien, dit Béchameil.

— C'est beaucoup, répéta Didier, parce que nous aurons de notre côté tous les avantages... Vous ne pensez pas, je suppose, que je veuille les attaquer à la Fosse-aux-Loups?... Ne vous étonnez point, monsieur de Vaunoy, si je sais le nom de leur retraite... Grâce à des circonstances que je ne juge point à propos de vous détailler ici, je connais la forêt de Rennes comme si j'y étais né.

A ce dernier mot, Hervé de Vaunoy tressaillit violemment, et devint si pâle que Béchameil crut devoir le soutenir dans ses bras.

— Qu'avez-vous? monsieur mon ami, demanda l'intendant.

— Rien... je n'ai rien, balbutia Vaunoy.

— Si fait! je parie que c'est le besoin de prendre quelque chose qui vous travaille... et, par le fait, l'heure du déjeûner est passée depuis trente-cinq minutes et une fraction.

Vaunoy, par un brusque effort, s'était remis tant bien que mal. Il repoussa Béchameil.

— Capitaine, dit-il, je vous prie de m'excuser... un éblouissement subit... je suis sujet à cette infirmité... vous plairait-il de poursuivre ?

— Dans votre intérêt, monsieur mon ami, insista héroïquement Béchameil, je vous engage à prendre quelque chose... Nous vous ferons raison, le capitaine et moi...

Vaunoy fit un geste d'impatience, et

Béchameil reconnut, avec une profonde douleur, que le déjeûner était désormais indéfiniment retardé.

— Je vous disais, reprit Didier qui n'avait prêté à cette scène qu'une attention médiocre, — je vous disais que la forêt est pour moi pays de connaissance; — je sais que la position des Loups est inexpugnable, et ne prétends point courir les chances d'une attaque, au moins tant que les deniers de sa majesté ne seront point à couvert. Il me faut, à moi aussi, des positions dans la forêt, et je vous demande à vous, monsieur de Vaunoy, votre château de la Tremlays; — à vous, monsieur l'intendant royal, votre maison de plaisance de la Cour-Rose...

— Ma *Folie!* s'écria Béchameil; et qu'en prétendez-vous faire, monsieur?

— Je ne sais..... peut-être une place d'armes.

— Mais il y a des tapis dans toutes les chambres, monsieur; il y en a pour vingt mille écus...

— Fi! monsieur de Béchameil, fi! voulut interrompre Vaunoy.

Mais cette fois le financier se montra rétif.

— Il y a, continua-t-il, des meubles sculptés, incrustrés, dorés.... Il y en a pour trente mille écus, monsieur!

— Fi! monsieur de Béchameil, fi! répéta Vaunoy.

— Il y a des porcelaines du Japon, de la faïence d'Italie, des grès de Suisse, des cristaux de Suède... La batterie de cuisine seule vaut quatorze mille cinq cents livres, monsieur !... Et vous voulez mettre tout cela au pillage ! vos soldats dévaliseraient mon garde-manger ; ils boiraient ma cave... ma cave qui est la plus riche de France et de Navarre... Ils fouleraient aux pieds mes tapis, briseraient mes cristaux... que sais je !... une place d'armes !... Morbleu, monsieur, pensez-vous que j'aie fait bâtir ma Folie pour héberger vos soudards !

— Fi ! monsieur de Béchameil, répéta Vaunoy pour la troisième fois ; — saint Dieu ! fi, vous dis-je !

Le financier s'arrêta enfin essoufflé. Didier, comme s'il eût regardé l'interruption comme non avenue, reprit avec le plus grand calme :

— Peut-être une place d'armes... En tout cas je puis vous faire promesse, messieurs, de vous prévenir deux heures à l'avance.

— Cela suffira, dit Vaunoy, qui semblait résolu à tout approuver.

— Monsieur mon ami, s'écria Béchameil exaspéré, je ne vous comprends pas!

Vaunoy lui serra fortement la main. C'est là un signe que les intelligences, même les plus épaisses, comprennent par tous pays. Le financier se tut instinctivement.

— Je pense, mon cher hôte, demanda Vaunoy du ton de la plus cordiale courtoisie, — que ces mesures, dont vous parlez, forment la dernière partie de votre plan. Avant de vous fortifier, vous vous occuperez sans doute de convoyer les espèces qui vous attendent à Rennes, — car on dit que la cassette du roi est vide, ou peu s'en faut.

— Tel est en effet mon projet, monsieur.

— Donc, en attendant que la Tremlays devienne place d'armes, nous en ferons, s'il vous plaît, une auberge où se reposera l'escorte de l'impôt.

— Quant à cela, dit Béchameil, j'offre

également ma Folie !.. Une auberge, passe encore !... mais une place d'armes !..

— L'impôt, répondit le capitaine, reste sous la garantie et responsabilité de monsieur l'intendant royal tant qu'il n'a point franchi les frontières de la Bretagne. C'est donc à monsieur l'intendant de faire choix du lieu où l'escorte passera la nuit.

Une expression de singulière inquiétude se répandit sur le visage du maître de la Tremlays. Il fallait que cette inquiétude fût bien puissante pour que Vaunoy, habitué comme il l'était à dompter souverainement sa physionomie, n'en pût point réprimer les traces. Didier et l'intendant le remarquèrent. Le premier n'y fit pas grande attention. Il croyait connaître Vaunoy qu'il méprisait sans le soupçonner de trahison. Sa hautaine insouciance ne daigna point se préoccuper de ce mince incident. — Quant à Béchameil il interpréta à sa manière l'angoisse évidente du maître de la Tremlays. Il pensa que Vaunoy, voyant que le choix de la halte restait entre ses mains, à lui, Béchameil, redoutait sa décision pour l'office et les provisions du château.

— Monsieur mon ami, dit-il, en conséquence, — je dois vous prévenir tout d'abord que les frais de convoi me regardent...

Vaunoy pâlit et fronça le sourcil.

— Je paierai tout, poursuivit l'intendant, l'hospitalité est pour moi un devoir.

— Vous prétendez donc recevoir les

gens du roi dans votre maison de la Cour-Rose ? demanda Vaunoy dont l'anxiété augmentait visiblement.

— Non pas, monsieur mon ami, non pas! s'écria vivement Béchameil.

Vaunoy respira longuement. Ses couleurs vermeilles reparurent aux rondes pommettes de ses joues. Ce mouvement fut tellement irrésistible et marqué que Didier ne put s'empêcher d'y prendre garde... Ce fut, au reste, l'affaire d'un instant, et, à mesure que le calme revenait sur le visage de Vaunoy, les doutes du jeune capitaine se dissipaient.

Mais, pour un spectateur attentif et désintéressé de cette scène, il eût été évident qu'un hardi dessein venait de surgir dans le cerveau de Vaunoy, dessein que favorisait grandement l'option de M. de Béchameil, désignant la Tremlays pour lieu de repos de l'escorte des deniers du roi.

Béchameil, qui était à cent lieues de penser que sa décision pût faire plaisir à Hervé de Vaunoy, prit à tâche de l'excuser et de la motiver, ce qu'il fit à sa manière.

— Je vous répète, monsieur mon ami, dit-il, que vous n'aurez rien, absolument rien à débourser...

— Laissons cela, interrompit Vaunoy.

— Permettez. Je suis, — vous me faites, j'espère, l'honneur d'en être persuadé, — un sujet fidèle et dévoué de sa majesté.

Ma pauvre maison est fort à son service; depuis les fondemens jusqu'aux combles... y compris, bien entendu, les étages intermédiaires... Mais il s'agit de cinq cent mille livres tournois.

— Cinq cent mille livres tournois, répéta lentement le maître de la Tremlays.

— Tout autant, monsieur mon ami..... il y a même quelques écus de plus... Si cette somme était enlevée, mon aisance, qui est honnête, serait terriblement réduite.... Or, — suivez bien, — ma Folie n'est point propre à soutenir un siége, et si les Loups....

Vaunoy haussa les épaules avec affectation.

— Monsieur l'intendant a raison, dit le capitaine qui, depuis dix minutes, n'apportait plus à la discussion qu'une attention fort médiocre.

— Permettez, dit encore Béchameil, répondant au geste de Vaunoy, je serais mortifié que vous puissiez croire....

— Allons déjeûner, interrompit en souriant le maître de la Tremlays.

Le coup était d'un effet sûr : il porta. Béchameil remua convulsivement les mâchoires, comme s'il eût voulu parfaire son explication; mais il ne put que répéter ces mots qui éveillaient les plus tendres échos de son cœur.

— Allons déjeûner!

Vaunoy s'appuya familièrement sur le bras de Didier. Béchameil, les narines gonflées et saisissant au vol parmi les effluves épandues dans l'air toutes celles qui venaient de l'office, ouvrit la marche. En chemin, il fut décidé que le convoi d'argent partirait de Rennes le lendemain. De la ville au château l'étape était courte, mais les routes de Bretagne, en l'an 1740, étaient tracées de manière à quadrupler la distance.

Béchameil, malgré la proéminence suffisamment notable de son abdomen, monta le perron en trois sauts. Une minute après, il nouait sa serviette autour de son menton, et dégustait savamment un salmis d'ailerons de bécasses qu'il déclara sans pareil et fêta en conscience.

Hervé de Vaunoy ne resta point oisif durant cette matinée. Le déjeûner était à peine fini, et M. de Béchameil venait de s'étendre sur un lit de jour pour se livrer à cet important devoir que les gourmets ne doivent négliger jamais, la sieste, lorsque M. de Vaunoy, quittant Didier sous un prétexte d'autant plus facile à trouver que le jeune capitaine ne tenait point extraordinairement à sa compagnie, se dirigea d'un air soucieux et affairé vers son appartement.

— Qu'on m'envoie sur-le-champ Lapierre et maître Alain, dit-il à un valet qu'il rencontra sur son chemin.

Le valet se hâta d'obéir; et Vaunoy poursuivit sa route ; mais ayant jeté par hasard un regard distrait à travers les carreaux de l'une des croisées du corridor, il aperçut Alix qui, rêveuse et la tête penchée, suivait à pas lents l'allée principale du jardin.

— Toujours triste ! se dit Vaunoy d'un ton où perçait un atome de sensibilité ; — pauvre fille !... Mais, après tout, elle n'est pas raisonnable ! Béchameil ferait la perle des maris.

Il allait passer outre, lorsque, dans une autre allée dont la direction formait angle avec celle de la première, il vit le capitaine Didier, lequel, par impossible, semblait rêver aussi. Vaunoy fit un geste de mauvaise humeur.

— Elle était sur le point de l'oublier !

murmura-t-il; — je m'y connais; un mois encore, et ce fol amour passait à l'état de souvenir, de l'un de ces mélancoliques souvenirs qui amusent les femmes, mais ne font point obstacle à un bon et solide mariage..... Et le voilà revenu! Sa seule approche déjoue fatalement tous mes plans..... Et puis, si quelqu'un de ces hasards que l'enfer suscite allait lui apprendre!...

Vaunoy s'interrompit. Comme nous l'avons dit, les deux allées que suivaient Alix et Didier se croisaient. Chaque pas fait par les deux jeunes gens les rapprochait; ils allaient se rencontrer dans quelques secondes.

— Eh! qu'a-t-il besoin de savoir! reprit Vaunoy avec emportement. Son étoile le pousse à me nuire. Qu'il sache ou non, il me perdra si je ne le perds...

Alix et Didier arrivaient en même temps au point de convergence des allées ; au moment où ils allaient se trouver face à face, Vaunoy porta son sifflet de chasse à ses lèvres. Le bruit fit lever la tête aux deux jeunes gens. Alix se tourna du côté du château et dut obéir au geste d'appel que lui envoya de loin son père. — Didier salua et poursuivit sa route.

— C'était comme un rendez-vous ! pensa Vaunoy. Saint Dieu ! je l'ai manqué deux fois déjà ; mais on dit que le nombre trois porte bonheur...

Il entra dans son appartement, où ne

tardèrent pas à le joindre ses deux féaux serviteurs, maître Alain et Lapierre. Presque au même instant, Alix entr'ouvrit la porte.

— Vous m'avez appelée, mon père ? dit elle.

Vaunoy, qui ouvrait la bouche pour donner des ordres à ses deux acolytes, hésita quelque peu, et fut sur le point de renvoyer sa fille ; mais il se ravisa.

— Restez ici, dit-il aux valets. J'aurai besoin de vous dans un instant.

Puis il passa le bras d'Alix sous le sien et l'entraîna doucement dans la galerie.

Maître Alain et Lapierre demeurèrent

seuls. Le premier, dont l'intelligence avait considérablement fléchi sous le poids de l'âge et aussi par l'effet de l'ivrognerie, tira de sa poche son flacon carré de fer-blanc et but une ample rasade d'eau-de-vie.

— En veux-tu ? demanda-t-il à Lapierre.

— Il y a temps pour tout, répondit l'ex-saltimbanque ; je ne bois jamais quand je dois causer avec monsieur.

— Moi, je bois double...

— Et tu vois de même..... Hier tu n'as pas su seulement reconnaître ce drôle de valet...

— Je me fais vieux, dit Alain en buvant

une seconde gorgée. — Le fait est que ma pauvre mémoire s'en va... Mais si je le vois encore une fois, je le reconnaîtrai peut-être.

— Et s'il ne revient pas ?

Alain, au lieu de répondre, but une troisième rasade et s'arrangea pour dormir, en attendant son maître. Lapierre haussa les épaules, et, pour ne point perdre son temps, il fit le tour de la chambre, donnant généreusement l'hospitalité, dans les vastes poches de son pourpoint, à toutes les pièces de monnaie égarées qu'il trouva sur les meubles. — Les tiroirs étaient fermés.

Quand il eut achevé sa tournée, il s'accouda sur l'appui de la fenêtre. Au loin, dans le jardin, il aperçut Didier qui continuait solitairement sa promenade. Lapierre se prit à réfléchir.

— Peuh ! fit-il enfin en enflant ses joues ; — je croyais le détester davantage. C'est un joli garçon... Vaunoy paie mal et demande beaucoup... Hé hé... il faudra voir....

— En veux-tu ? grommela maître Alain qui trinquait en rêve.

Lapierre laissa tomber sur le vieillard un long regard de mépris.

— Voilà ce qu'on devient au service de Vaunoy ! dit-il ensuite. Jamais de tiroirs ouverts.... Quelques pièces d'or pour beaucoup de travail.... C'est pitoyable de se damner ainsi au rabais.... Il faudra voir.

MADEMOISELLE DE VAUNOY.

XXI

Pendant que maître Alain et Lapierre attendaient, Hervé de Vaunoy arpentait à pas lents le corridor avec sa fille qui s'appuyait à son bras et dont il carressait paternellement la blanche main.

— J'ai à vous gronder, Alix, disait-il de sa voix la plus doucereuse. Vous avez été, vis-à-vis de notre hôte, le capitaine Didier, d'une froideur !...

Il appuya sur ce mot et regarda sa fille en dessous. Aucune émotion ne parut sur le calme et beau visage d'Alix.

— Il ne faut point outrepasser le but, reprit le maître de la Tremlays. Le capitaine est un brave officier du roi qui a droit à tous nos égards, et, quand on n'aime point un homme, il est bon de se contraindre un peu.

Alix releva sur Vaunoy son regard tranquille.

— Et quand on l'aime ? demanda-t-elle tout bas.

Vaunoy tressaillit et ne put retenir une grimace de malaise, mais il se remit aussitôt.

— Quelle folie! s'écria-t-il en se forçant à rire. Il y a un an, s'il m'en souvient, nous eûmes un entretien sur cet enfantillage, et vous me promîtes...

— Je vous promis de tâcher de l'oublier, mon père. J'ai tâché : je n'ai pu.

— Vous me promîtes davantage, Alix.

— En effet, dit lentement Alix; je vous promis de mettre de côté tout espoir d'être jamais à lui... Monsieur, ajouta-t-elle après un court silence et d'une voix profondément triste, — j'ai tenu ma promesse : je n'ai plus d'espoir.

Vaunoy baisa la main de sa fille, toussa et se reprit à un sujet de conversation banal, mais les derniers mots d'Alix glaçaient sa gaîté d'emprunt. Il aimait sa fille; c'était le seul sentiment louable qui fût resté debout en son cœur parmi les ravages de l'égoïsme et de la cupidité. Il eût voulu la faire heureuse, mais les événemens le pressaient. Il n'avait point de choix. Un mot de Béchameil pouvait mettre en question sa fortune, sa noblesse, sa vie; à quelque prix que ce fût, il lui fallait acheter l'appui de Béchameil.

D'ailleurs la tendresse paternelle de Vaunoy se ressentait de ses penchans et de ses habitudes. Il était fort sincère lorsqu'il traitait l'amour de haut en bas. Il avait été autrefois jeune d'âge, mais non point de cœur. Le bonheur, pour lui, c'était l'or et la puissance territoriale; pour une jeune femme, selon lui, ce devait être l'or aussi et le luxe qui en découle, les toilettes écrasantes, les fêtes somptueuses, l'humiliation des rivales, — et, en conscience, avec foule de jeunes femmes, M. de Vaunoy ne se serait point trompé de beaucoup.

Or, en épousant Béchameil, Alix aurait tout cela à profusion, à souhait, outre souhait. Le souvenir de Didier ne serait qu'un colifichet de plus, car il est bon qu'une femme ait au fond de sa mémoire une corde qui vibre tendrement aux heures de migraine ou de vapeurs. Une femme, toujours suivant ce vieux larron de Vaunoy, eût-elle les équipages d'une reine et les diamans d'une juive, n'a pas tout ce qu'il faut lorsqu'elle manque de ce mélancolique hochet, tendre ressentiment d'un amour malheureux et lointain, qui met des larmes dans ses yeux aux instans où son cerveau demande à pleurer.

En ce moment Vaunoy était à la gêne. Alix le dominait de toute la hauteur de sa franchise. Pour la millième fois, peut-être, il se repentit d'avoir usé de ruse avec elle, reconnaissant trop tard que la ruse s'émousse contre la candeur. Trop vil pour ressentir dans toute sa force l'angoisse qui serre le cœur d'un père, surpris par son enfant en flagrant délit de tromperie, il était néanmoins humilié de son rôle et fit effort pour jeter son masque loin de lui.

— Alix, dit-il tout à coup en jouant passablement la rondeur, — j'ai tort d'en user ainsi avec vous. Pardonnez-moi. Vous méritez ma confiance entière, et je veux dépouiller tout subterfuge... Vous savez ce que je veux; vous devinez peut-être pourquoi je le veux... tromperez-vous mes espérances ?

— Je ferai ce que j'ai promis, monsieur; rien de plus, rien de moins.

Vaunoy respira.

— Cela suffit, dit-il. Le temps est un puissant remède aux répugnances capricieuses des jeunes filles; pour le moment, je vous demande seulement de ne point voir le capitaine Didier.

— Je l'ai vu déjà, monsieur, répondit Alix.

— Ah !.. Et vous lui avez parlé ?

— Je lui ai parlé.

— De sorte que cette froideur affectée était un rôle appris, un mensonge !...

Alix ne se redressa point pour prendre cette posture de maître en fait d'armes à l'aide de laquelle les comédiennes croient exprimer l'indignation de la vertu offensée ; elle ne leva point au ciel ces prodigieux regards que les mêmes comédiennes dardent vers le cintre, lorsqu'elles veulent prendre le lustre à témoin de leur innocence.

— Mes actions ne mentent pas plus que mes paroles, dit-elle avec simplicité. Rassurez-vous, monsieur, j'ai la volonté de tenir ma promesse, et, dussé-je en mourir, je la tiendrai... D'ailleurs, ajouta-t-elle plus bas et avec une légère rougeur sur la joue, ma volonté n'est pas votre seule garantie : le capitaine Didier ne m'aime pas.

— En vérité! s'écria Vaunoy avec une joie brutale.

Puis, sans prendre souci du mal que ses paroles pouvaient faire à sa fille, il poursuivit presque aussitôt :

— Voilà une heureuse nouvelle! Alix; que ne le disiez-vous tout de suite, ma chère enfant?... Ah! le capitaine?... cet impertinent soldat de fortune!

Il prononça ces derniers mots d'un ton de pitié ironique qui eût profondément blessé un cœur vulgaire ; mais Alix était au-dessus de cette grossière atteinte. Son front resta serein, et ce fut avec un sourire mélancolique, mais tranquille, qu'elle reprit la parole.

— Je suis de votre avis, mon père, dit-elle ; je crois que tout est pour le mieux.

Vaunoy connaissait sa fille, et, si peu fait qu'il fût pour la comprendre, il avait pour elle une sorte de respect. Néanmoins, cette résignation lui sembla si extraordinaire, qu'il eut peine à y croire. Involontairement et suivant la pente de sa vieille habitude, il reprit son espionnage moral.

— Saint Dieu ! dit-il après un silence,

vous êtes le parangon des filles, Alix, et je veux parier qu'on irait de Rennes à Nantes sans trouver votre pareille. Pas un regret! pas une plainte! saint Dieu! c'est à n'y pas croire, et cela me donne bonne espérance pour ce pauvre M. de Béchameil qui se meurt d'amour à votre intention.

Alix ne répondit point.

— Mais ne parlons pas de cela, poursuivit le maître de la Tremlays. Voici déjà un point de gagné; il ne faut pas trop demander à la fois. Saint Dieu! moi qui étais dans des transes!... Maintenant, je n'ai garde de craindre. Je vous sais trop fière pour approcher de lui désormais... Vit-on jamais semblable outrecuidance!... et, certes, je suis prêt à faire serment que cette entrevue dont nous parlions tout à l'heure sera la dernière et n'aura point de pendant.

Cette phrase était la partie importante du discours d'Hervé de Vaunoy. Tout le reste n'était qu'une préparation. Aussi en suivit-il l'effet avec inquiétude, attendant une réponse et épiant la signification du moindre geste.

Il oubliait encore une fois que ces soins étaient superflus. Les paroles d'Alix défiaient les interprétations et n'avaient pas besoin de commentaires.

Elle quitta l'appui de la fenêtre auquel son bras s'était appuyé, et montra de son doigt étendu Didier qui, franchissant la dernière barrière du parc, s'enfonçait sous le couvert.

— Il me faudra attendre son retour, dit-elle.

Vaunoy crut avoir mal compris.

— Son retour !... répéta-t-il machinalement.

— Oui, monsieur. J'ai promis au capitaine Didier de le revoir. Il le faut, je le dois, et je vous demande comme une grâce de vouloir bien n'y point mettre obstacle...

— Mais... commença Vaunoy surpris et intrigué.

— Ne me refusez pas! dit Alix avec une

chaleur soudaine. Je ne vous ai jamais désobéi, et Dieu m'est témoin que je souffrirais à le faire.

— De sorte que, mademoiselle, si je vous déniais mon consentement, vous me désobéiriez ?

Alix courba la tête en silence.

— A merveille ! reprit Vaunoy dont le dépit hargneux ne ressemblait en rien à la dignité d'un père offensé ; — je suis au moins prévenu d'avance !... Et m'est-il permis de vous demander quelle communication si importante peut exiger le rapprochement de mademoiselle de Vaunoy et du capitaine Didier ?

— Je ne saurais vous le dire, monsieur.

— De mieux en mieux !... Mais saint Dieu ! c'est à n'y point croire ! Vous oubliez, Alix, que je pourrais vous contraindre, vous confiner dans votre appartement.

— J'espère que vous ne le ferez point.

— Et si je le faisais, saint Dieu ! s'écria Vaunoy véritablement en colère.

— Monsieur, dit Alix en retenant sa voix qui voulait éclater, je vous respecte et je vous aime... mais il y a longtemps que mon silence trompe M. de Béchameil, et c'est à cause de vous que je me tais... si je parlais !...

Elle s'arrêta, honteuse d'avoir été sur le point de menacer, mais Vaunoy avait compris, et sa colère était tombée comme par enchantement. Il appela sur son visage, fait à ces brusques changemens, une expression de grosse gaîté.

— Vous êtes une méchante enfant, Alix, dit-il en la baisant bruyamment au front.
— Vous savez que je n'ai rien à vous refuser, et vous abusez de votre pouvoir, qui marche à grands pas vers la tyrannie... Petite folle, ce que j'en disais était curiosité pure. Je voulais surprendre ce grand secret, mais vous m'avez vaincu, et je n'engagerai plus avec vous de combats de paroles... je lancerai contre vous, en guise d'avant-garde si le cas se présente, mademoiselle Olive de Vaunoy, ma digne sœur... et alors tenez-vous bien, je vous conseille!

Alix ne se méprit point à cette gaîté

soudaine. Vaunoy avait raison de le dire : malgré sa vieille expérience d'intrigant, il n'était point de force à lutter contre la hautaine droiture de sa fille. C'était de la part du maître de la Tremlays de la diplomatie prodiguée en pure perte.

— Je suis heureuse de vous entendre parler ainsi, mon père, dit seulement Alix.

— Heureuse?... Alors soyez clémente, et prenez un peu de compassion de ce pauvre M. de Béchameil... mais cela viendra, et il sera temps d'en parler plus tard.

Il tira sa montre.

— Onze heures déjà, murmura-t-il... Allons, ma fille, je vous laisse et vous donne carte blanche, sûr que ma confiance est bien placée... Au revoir !

Il fit un geste familier et caressant auquel Alix répondit par une respectueuse révérence, et se hâta de regagner son appartement, où ses deux ministres l'attendaient, l'un en philosophant, comme peut faire un saltimbanque émérite, l'autre en ronflant à la manière des justes et des ivrognes.

Lorsque Alix fut seule, son beau visage perdit son expression de calme fierté. Un morne découragement se peignit dans son regard.

— Le revoir, murmura-t-elle ; subir encore cette galanterie banale qu'il me jette comme une consolation ; lire la pitié dans son sourire, et ne pouvoir me relever à mes propres yeux qu'en plaidant la cause d'une rivale !...

Elle avait descendu sans savoir les escaliers intérieurs et les degrés de granit du perron. Elle se laissa tomber sur un banc de gazon à l'entrée du jardin, et mit sa tête pâlie entre ses mains.

Elle demeura longtemps ainsi. Lorsqu'elle releva la tête, ses yeux secs semblaient faire effort pour pleurer. — Au bout de quelques minutes, elle retira de son sein une petite médaille de cuivre, informe et rustiquement historiée, qu'un cordon de soie suspendait à son cou sous ses habits. — Elle la baisa passionnément; et une larme jaillit enfin de son œil.

— Que je l'aime, mon Dieu! que je l'aime! dit-elle.

Puis un rayon d'enthousiasme scintilla sous ses larmes, et, pressant avec force la médaille de cuivre contre son cœur, elle ajouta :

— Le revoir!... oui... souffrir, mais le sauver!

DEUX BONS SERVITEURS.

XXII

Vaunoy avait souvent avec sa fille des entretiens semblables à celui que nous venon de rapporter. Alix savait à peu de choses près de quel intérêt étaient pour son père les bonnes grâces de M. de Béchameil; elle avait même deviné que Vaunoy n'avait sur les immenses domaines de Treml qu'un droit de possession douteux et précaire. Il va sans dire qu'elle n'abusait jamais de cette connaissance. Le caractère de son père, qu'elle eût sincèrement voulu ne point juger, mais dont la bassesse lui sautait aux yeux, pour employer une expression vulgaire, avait été, dès sa première jeunesse, une cause perpétuelle de chagrin. Son esprit sérieux, loyal et fort s'était habitué à la tristesse, et ses courtes amours avec Didier avaient été les seuls instans de joie pure qu'elle eût goûtés en sa vie.

Elle ne voyait, au reste, dans l'usurpation de Vaunoy, qu'un danger et non point un crime, parce qu'elle ignorait que cette usurpation préjudiciât au légitime propriétaire. Et, par le fait, personne n'aurait pu soutenir l'opinion opposée, Treml n'ayant point laissé d'héritier. — Peut-être, si elle n'eût point connu le capitaine Didier, se serait-elle sacrifiée au repos et à la sûreté de son père ; car sa nature choisie était susceptible d'un dévoûment sans limites ; mais, entre Didier et Béchameil, le contraste était trop grand. L'intendant royal, ridicule et méprisable à la fois, lui inspira une invincible répulsion, et il fallut la patiente obsession de son père pour la porter à ne point rejeter ouvertement et tout d'abord les prétentions de Béchameil. Vaunoy ne se lassait pas. Il croyait connaître les femmes, et attaquait le cœur d'Alix par tous les côtés où les filles d'Ève passent, à raison ou à tort, pour être vulnérables. Il ne faisait point de progrès, mais il gagnait du temps.

Ce jour-là, il n'aurait certes point trouvé le loisir d'engager avec Alix sa lutte ordinaire, s'il n'eût voulut parer à un péril imminent. L'arrivée de Didier menaçait tous ses projets; il essaya de mettre sa volonté comme une barrière matérielle entre sa fille et le capitaine. Nous avons vu le résultat de sa tentative : le hasard devait le servir mieux que son éloquence...

A peine débarrassé de cet entretien, il songea à préparer l'exécution d'un projet dont la première idée lui était venue sous la charmille, en compagnie de Didier et de Béchameil. Ce projet, depuis lors, le préoccupait très vivement. Il en avait avidement balancé les chances durant le déjeûner, et s'était déterminé à jouer ce périlleux coup de dés.

Il y avait une demi-heure que M. de Vaunoy avait rejoint ses deux acolytes. Maître Alain avait secoué tant bien que mal sa somnolence, et Lapierre s'était installé, attentif, dans un excellent fauteuil.

Vaunoy avait parlé longtemps et sans s'interrompre. Lorsqu'il se tut enfin, il interrogea ses deux serviteurs du regard. Maître Alain répondit par un geste équivoque, et Lapierre se balança fort adroitement sur un seul des quatre pieds de son siége.

— Ne m'avez-vous pas entendu? demanda Vaunoy.

— Si fait, dit Lapierre; pour ma part, j'ai entendu.

— Moi aussi, ajouta maître Alain.

— Et qu'en dites-vous?

Le vieux majordome eut un grand désir d'atteindre sa bouteille carrée, mais il n'osa pas. Il eut tentation de répondre, mais, suivant sa prudente habitude, il attendit, pensant qu'il serait temps de parler lorsque Lapierre aurait donné son avis.

Lapierre se balançait toujours.

— Qu'en dites-vous? répéta Vaunoy en fronçant le sourcil.

— Hé, hé! fit Lapierre d'un air capable.

— Voilà! prononça emphatiquement maître Alain.

— Comment, s'écria Vaunoy avec colère, vous ne comprenez pas que sa mort devient un cas fortuit dont je ne puis être responsable? que les soupçons se détourneront naturellement de moi, et qu'il faudrait folie ou mauvaise foi insigne pour m'accuser d'un pareil *malheur*.

— Si fait, dit Lapierre; pour ma part, je comprends cela.

Maître Alain exécuta un grave signe d'approbation.

— Hé bien! reprit Hervé de Vaunoy,

— Hé, hé !... fit encore Lapierre.

Vaunoy, dont le front devenait pourpre, blasphéma entre ses dents.

— Oui, reprit l'ex-saltimbanque sans s'émouvoir le moins du monde; évidemment il ne pourrait échapper... Si nous en étions là, je ne donnerais pas six deniers de sa vie... mais...

— Mais quoi?

— Nous n'en sommes pas là.

— Penses-tu donc que l'appât des cinq cent mille livres ne soit pas assez fort?

— Ils viendraient pour la dixième partie de cette somme.

— Pour la vingtième, dit maître Alain en *à parte*, je donnerais mon ame au diable, moi qui suis un homme d'âge, et un fidèle sujet du roi.

— Alors, que veux-tu dire? demanda Vaunoy à Lapierre.

Maître Alain tendit l'oreille, afin de s'approprier, au besoin, l'opinion de son collègue. Celui-ci, sans paraître prendre garde à l'impatience toujours croissante de Vaunoy, se dandina un instant et jeta ces paroles avec suffisance:

— Vous n'êtes pas sans avoir entendu parler des apologues de La Fontaine, je suppose... Si vous vous fâchez, je deviens muet... Ce La Fontaine est un poète de fort bon conseil, ce qui est rare. Il me souvient d'une de ses fables...

— Saint-Dieu ! interrompit Vaunoy, je donnerais dix louis pour bâtonner ce drôle !

— Donnez et bâtonnez, répondit imperturbablement Lapierre. — Quant à la fable dont je parle, vous ne pouvez la juger avant de l'avoir entendue, et ne la sachant point par cœur, je ne vous la réciterai pas.

— Mais, Saint-Dieu ! détestable maraud, où veux-tu en venir ?

— Je vous prie d'excuser mon peu de mémoire, poursuivit Lapierre ; à défaut de texte, le conte suffira. Voilà ce que c'est...

Les rats tiennent conseil et cherchent un moyen de mettre à mort un chat fort redoutable...

— Je te comprends ! s'écria violemment Vaunoy, qui se leva et parcourut la chambre à grandes enjambées.

— Pas moi, pensa maître Alain.

— Je te comprends !... répéta Vaunoy ; tu as peur !

— Vous vous trompez. Il vaudrait mieux pour votre projet que j'eusse peur. Mais comme je suis parfaitement déterminé à faire comme les rats de la fable, je n'ai pas peur.

— Tu braverais mes ordres, misérable !

— Attacher le grelot est une niaiserie tout à fait en dehors de mes principes et de mes habitudes... Qu'un autre l'attache, et, pour le reste, je suis votre soumis serviteur.

— De quel diable de grelot parle-t-il ? se demandait laborieusement maître Alain, et à quel propos est-il ici question de rats ?

Vaunoy garda un instant le silence et activa sa promenade. Deux ou trois fois il mit la main sur la garde de son épée. Son front, si riant d'ordinaire, était sombre comme un ciel de tempête. Sa face passait alternativement du pourpre au livide, et un convulsif tremblement agitait ses joues pâlies.

— L'orage sera rude, dit tout bas Lapierre. Attention, maître Alain.

— Par grâce, de quoi s'agit-il? murmura celui-ci qui trembla de confiance.

Lapierre se pencha à son oreille et prononça quelques mots. Un frissonnement général agita les membres du vieillard.

— Notre-Dame-de-Mi-Forêt! balbutia-t-il, j'aimerais mieux aller en enfer!

— Tu n'as pas le choix, mon vieux compagnon, attendu que le diable te garde depuis longtemps une place au lieu que tu viens de nommer... Mais si tu veux n'en jouir que le plus tard possible, comme je le crois, tiens-toi ferme et fais comme moi.

— Notre-Dame ! saint Sauveur ! Jésus Dieu ! murmura maître Alain bouleversé.

— Allons, bois un coup, l'attaque va commencer.

Le vieillard n'était point homme à mépriser ce conseil. Il jeta un regard du côté de Vaunoy, qui ne songeait guère à l'épier, tira son flacon de ferblanc de sa poche et but tant que son haleine ne fit point défaut.

— Il va faire rage, reprit Lapierre, car c'est pour lui un coup de partie ; mais, après tout, il ne peut que nous faire pendre, et, là-bas, nous serons brûlés vifs.

— Pour le moins ! soupira maître Alain

avec conviction. Je voudrais être hors d'ici, dussé-je, après, ne point boire pendant un jour entier.

Vaunoy s'arrêta tout à coup, les sourcils froncés, le regard brillant et résolu. Ce n'était plus le même homme. Toute expression cauteleuse avait disparu de sa physionomie.

Maître Alain se rapetissa et ferma les yeux comme font les enfans craintifs devant la férule du pédagogue. Lapierre, au contraire, assura son fauteuil sur ses quatre pieds, croisa ses jambes et se renversa dans l'attitude du calme le plus parfait. La terreur de l'un et la provoquante intrépidité de l'autre passèrent également inperçues. Vaunoy n'y prit point garde.

Au lieu d'éclater en invectives pour retomber ensuite jusqu'à une sorte de flatterie pateline, comme c'était assez sa coutume vis-à-vis de ses deux acolytes, il reprit froidement son siége et les regarda tour à tour d'un air qui fit réfléchir Lapierre lui-même.

— Dans une heure, prononça-t-il lentement et en appuyant sur chaque mot, il faut que l'un de nous monte à cheval.

— Pourvu que ce ne soit pas moi, répondit Lapierre, je n'y mets nul empêchement.

— Taisez-vous ! dit le maître de la Tremlays sans élever la voix ; — je le répète : l'un de nous doit partir dans une heure.

Il le faut... Je pourrais essayer de la force, je suis le maître; mais la force échouerait peut-être contre votre apathie, Alain; contre votre entêtement, Lapierre; et le temps est trop précieux pour que je le dépense à sévir contre vous. J'aime mieux mettre votre obéissance à l'enchère. Voyons, lequel de vous deux veut gagner mille livres tournois ?

Un éclair d'avide désir s'alluma dans l'œil éteint du majordome.

— Mille livres! répéta-t-il machinalement.

Vaunoy suivit l'effet de sa proposition avec une anxiété véritable. Il crut un instant que le vieillard était ébloui de la munificence de l'offre, mais il avait compté sans Lapierre.

— Mille livres! répéta ce dernier à son tour. — Les morts ne reviennent point pour toucher leurs créances, et vous avez beau jeu, monsieur. Mille livres!... Encore si j'avais des héritiers!

Maître Alain se gratta l'oreille et reprit son apparence de momie.

— Deux mille livres! s'écria Vaunoy; je donnerai deux mille livres d'avance, sur-le-champ, à celui qui m'obéira.

Lapierre haussa les épaules, et maître Alain, se modelant sur lui, fit un geste de refus. Le front de Vaunoy se couvrait de gouttelettes de sueur.

— Mais, saint Dieu ! que demandez-vous donc ? s'écria-t-il d'un ton de détresse. Je vous dit qu'il le faut !... Cet homme, de quelque côté que je me tourne, me barre fatalement le chemin. Il me fait obstacle partout. Une fois débarrassé de lui, tous mes embarras disparaissent ; tant qu'il vivra, au contraire, je l'aurai toujours devant moi comme une menace vivante.

— Comme qui dirait l'épée de Damoclès, fit observer Lapierre qui avait de la littérature. — Tout cela est l'exacte vérité.

— Sa présence ici, poursuivit Vaunoy en s'échauffant, attaque non-seulement mes projets sur ma fille, elle menace encore ma fortune, mon nom, ma vie !

— C'est encore vrai, dit Lapierre.

— Et vous me refusez votre aide au moment où, d'un seul coup, je pourrais l'écraser... Dites, faut-il doubler la somme, la tripler, la quadrupler ?...

— Huit mille livres, supputa le vieil Alain à voix basse.

— Huit mille livres, mon bon, mon vieux serviteur, s'écria Vaunoy ; dix mille, si tu veux, et ma reconnaissance, et...

— Un bûcher de bois vert dans quelque coin de la forêt, interrompit Lapierre. C'est tentant.

Vaunoy lui serra le bras avec violence.

— Au moins, dit-il tout bas, ne parle que pour toi et n'influence pas cet homme... Je paierai jusqu'à ton silence.

— A la bonne heure! répondit Lapierre. Il ne s'agit que de s'expliquer... Combien me donnerez-vous?

— Dix louis.

L'ancien funambule devint muet; mais il était trop tard. Le coup avait porté. Le vieux majordome, ébloui d'abord par les dix mille livres, reculait maintenant devant la pensée de la mort. Vaunoy eut beau recommencer la tentation; à toutes les offres, maître Alain ne répondit plus que par un morne silence.

— Ainsi, vous refusez tous les deux! s'écria enfin le maître de la Tremlays en se levant de nouveau.

— Pour ma part, je refuse, dit hardiment Lapierre.

Maître Alain ne répondit point.

— C'est bien! murmura Vaunoy. Je devais m'y attendre. Souvent, au moment décisif, l'arme se brise dans la main du soldat. Il lui faut alors lutter corps à corps, et payer de sa personne... Maître Alain, ajouta-t-il d'une voix brève et impérieuse, préparez mes habits de voyage et mes pistolets... Lapierre, fais seller mon cheval.

Maître Alain se hâta d'obéir. Lapierre resta et regarda Vaunoy en face avec un étonnement inexprimable.

— Ai-je bien compris? dit-il après un instant de silence; — songeriez-vous à risquer vous-même cette démarche?

— Fais seller mon cheval, te dis-je!

— A votre place, je serais moins pressé...
Allons, au demeurant, cela vous regarde,
et si, par hasard, vous revenez avec votre
tête sur vos épaules, je conviens que le
capitaine est un homme mort.

Il fit mine de sortir; mais, arrivé au seuil,
il se retourna :

— Vous êtes plus brave que je ne croyais,
dit-il encore. Le diable vous doit protec-
tion, et peut-être... C'est égal ! le jeu est
chanceux, et j'aime mieux qu'il soit à vous
qu'à moi.

Vaunoy, resté seul, se laissa tomber sur un
siége. Lorsque ses deux acolytes revinrent
lui annoncer que tout était prêt pour son
départ, il se leva et prit automatiquement

le chemin de la cour. Il se mit en selle sans mot dire. Les rubis de sa joue avaient fait place à une effrayante pâleur.

Il partit.

Quand son cheval eut passé le seuil de la grand'porte, Lapierre hocha la tête, et dit avec ironie :

— Bon voyage !

— En veux-tu ? lui demanda maître Alain en lui présentant sa bouteille carrée.

— Volontiers, répondit Lapierre ; il est permis de boire après la bataille... J'ai la tête faible, vois-tu, et si j'avais embrassé trop tendrement ton flacon ce matin, peut-être serais-je, à l'heure qu'il est, au lieu et place de M. de Vaunoy, sur le grand chemin du cimetière... A sa santé !

— *Requiescat in pace !* prononça gravement le majordome.

VOYAGE DE JUDE LEKER.

XXIII

Hervé de Vaunoy n'était point, tant s'en fallait, un homme téméraire. La démarche qu'il tentait et qui l'exposait en réalité à un danger terrible, était, pour nous servir de l'expression de Lapierre, un coup de partie. C'était une manière de duel à mort où il jouait sa vie contre celle de Didier.

Peut-être, aveuglé par son désir passionné de se défaire du jeune homme, se dissimulait-il une partie du péril ; peut-être comptait-il sur des moyens de réussite dont il avait fait mystère à ses deux aides. Quoi qu'il en soit, sa terreur restait grande, et quiconque l'eût rencontré, tremblant et blême sur son cheval, n'aurait eu garde de le prendre pour un coureur d'aventures.

Bien auparavant l'heure de son départ, l'ancien écuyer de Nicolas Treml, Jude Leker avait, comme nous l'avons dit, quitté le château pour se rendre à la demeure de Pelo Rouan, le charbonnier. Jude était arrivé la veille en Bretagne, inquiet, mais plein d'espoir. Au pis-aller, Georges Treml, le petit-fils de son seigneur, avait été dépouillé peut-être de son héritage, et Jude avait en main ce qu'il fallait pour le lui rendre.

Maintenant l'inquiétude s'était faite angoisse, et l'espoir chancelait. Mieux eût valu mille fois retrouver l'enfant et perdre le coffret dépositaire de la fortune de Treml. Georges vivant, jeune, fort, vaillant, aurait eu son épée pour soutenir sa querelle; Georges mort ou absent, il ne restait plus qu'un vain droit. Le coffret, c'est-à-dire l'immense domaine de Treml, était sans maître légitime, et le dévoûment de Jude, cet amour soumis, patient, plein d'abnégation, que vingt années d'exil n'avaient pu entamer, était désormais sans but.

Il y avait bien encore la vengeance, ce suprême mobile des gens qui n'espèrent plus. Mais Jude était vieux. Sa loyale nature comportait plus d'amour que de haine. La vengeance, qui a tant d'attraits pour certaines âmes, lui apparaissait comme une inutile et triste compensation.

— Je chercherai, se disait-il en retrouvant son chemin dans les sentiers connus de la forêt ; je chercherai longtemps, toujours. Si j'acquiers la preuve de sa mort, et je prie Dieu d'épargner cette douleur à ma vieillesse, j'irai vers son assassin et je le tuerai au nom de Nicolas Treml.

Il ne pouvait faire un pas dans ces routes

tortueuses et sombres, tant de fois parcourues jadis, sans rencontrer un souvenir. C'était par ce sentier que le vieux maître de la Tremlays avait coutume de chevaucher lorsqu'il se rendait avec son petit-fils à son beau manoir du Boüexis; à ce détour, Job, le magnifique et fidèle animal, avait forcé un loup affamé après un combat héroïque; ce chemin percé dans le fourré, et si étroit, qu'un chevreuil semblait y pouvoir passer à peine, menait droit à l'étang de la Tremlays, — l'étang de la Tremlays, qui peut-être était le tombeau du dernier Treml!

Le cœur de Jude se fendait, ses yeux secs le brûlaient, sollicités par ses larmes contenues.

Autrefois, Jude s'en souvenait, on voyait fumer sous le couvert les toits des sabotiers et des charbonniers. Maintenant plus rien. Les cabanes étaient là, les unes debout encore, les autres à demi-ruinées, mais la plupart semblaient désertes. Au lieu du bruit incessant du ciseau et de la doloire, qu'accompagnaient les chants joyeux des ouvriers, le silence, un silence uniforme, universel.

Quel fléau avait donc passé sur la forêt de Rennes? Quelle peste avait dépeuplé ses clairières et mis cette apparence de mort en ces lieux jadis si pleins de mouvement et de vie?

Jude poursuivait sa route, plus triste et plus morne que ces alentours si mornes et si tristes. Il se signait par habitude aux croix des carrefours auxquelles ne pendaient plus les dévotes offrandes des fidèles. Il prononçait des noms connus en passant auprès de certaines des loges abandonnées, et nulle voix ne lui répondait.

Parfois, une forme humaine se montrait à un coude de la route; mais elle disparaissait aussitôt comme un éclair, et Jude, vieux chasseur habitué aux êtres de la forêt, devinait à l'imperceptible agitation des basses branches du taillis, que la solitude n'était pas aussi complète en réalité qu'en apparence, et que plus d'un regard était ouvert derrière ces épaisses murailles de verdure.

Lorsqu'il approcha de la croix de Mi-

Forêt, qui, comme l'indique son nom, marque à peu près le centre des bois, le paysage changea et devint plus désolé encore s'il est possible. En ce lieu, toutes les routes de grande communication qui traversent la forêt se croisent. Les clairières y sont plus abondantes que partout ailleurs, et le voisinage des chemins avait rassemblé dans les environs une multitude d'industries forestières. Tout le long des larges et belles allées qui se coupaient en étoile au pied de la croix, on voyait jadis une bordure de loges couvertes en chaume, où travaillaient des tonneliers, des vanniers et des sabotiers. Jude trouva ces loges incendiées pour la plupart; celles qui, çà et là, restaient debout, étaient dévastées et gardaient des traces non équivoques de ravages opérés par la main de l'homme.

Jude s'arrêtait devant ces ruines rustiques, et rappelait à soi les souvenirs du passé. Au temps où Treml était seigneur du pays, toutes ces loges étaient habitées et tous leurs habitans étaient heureux.

— Les gens de France ont passé par là! se disait le vieil écuyer. Sous prétexte d'impôts ils ont demandé la bourse ou la vie, et les hommes de la forêt n'ont pas de bourse.

Jude devinait juste. Ces ruines étaient l'œuvre des agens du fisc, secondés, il faut le dire, par quelques gentilshommes du pays rennais, parmi lesquels Hervé de Vaunoy se distinguait au premier rang.

M. de Pontchartrain, premier intendant

royal, et après lui, M. de Béchameil, marquis de Nointel, ayant pris, suivant la coutume, à forfait la levée de l'impôt breton, avaient un intérêt évident à ne laisser aucune partie de la province se prévaloir d'une exemption uniquement fondée sur l'usage. Ils voulurent forcer les gens de la forêt à solder leur part des tailles, et ne reculèrent devant aucune extrémité pour en venir à leurs fins.

C'était ce que Jude appelait demander la bourse ou la vie.

Quant aux gentilshommes, leur intérêt était autre, mais également évident. Les hommes de la forêt, disséminés sur les divers domaines qui formaient la majeure partie de cette énorme tenue, prétendaient droit d'usage gratuit et grevaient par le fait ces domaines d'une véritable et lourde servitude. Tant que Nicolas Treml avait vécu, comme il possédait, lui seul, autant et plus de biens que tous les autres gentilhommes ensemble, ces derniers s'étaient modelés sur lui. Or, Treml était un vrai seigneur, doux au faible, rude au fort, et plus disposé à faire l'aumône à ses pauvres voisins qu'à leur disputer le chétif soutien de leur existence.

Lorsqu'il abandonna le pays, Vaunoy prit sa place et mit sa lésinerie de gentillâtre dans toutes les affaires que son cousin avait traitées en gentilhomme. Les propriétaires des alentours, autorisés par ce nouvel exemple, firent de même, et ce fut bientôt de toutes parts un système d'attaque et de compression contre les malheureux habitans de la forêt.

D'un côté le fisc, de l'autre les propriétaires. — Celui-là leur arrachait leurs faibles épargnes ; ceux-ci leur enlevaient tout moyen de vivre. Les gens de la forêt, nous croyons l'avoir déjà dit, ressemblaient plus au sanglier qu'au lièvre ; néanmoins, dans le premier moment, traqués, poursuivis de toutes parts, ils ne cherchèrent leur salut que dans la fuite, et se cachèrent au fond des retraites ignorées qui pullulaient alors dans le pays. Mais leur naturel farouche et belliqueux supportait impatiemment cette tactique pusillanime ; pour combattre, ils n'avaient besoin que de se concerter.

Au premier appel ils se levèrent. Les épais fourrés de la forêt vomirent inopinément cette population sauvage, et mal en prit aux agens du fisc aussi bien qu'aux avares propriétaires qui avaient suscité cette tempête. Bien des cadavres jonchèrent la mousse des futaies, bien des ossemens blanchirent sous le couvert, et, par les nuits noires, plus d'une gentilhommière, attaquée à l'improviste, porta la peine de la cupidité de son maître.

On fit venir des soldats de Rennes et de toutes les villes environnantes; mais, à mesure que l'attaque s'opiniâtrait, la résistance s'organisait plus puissante. Il devint évident que les insurgés (car leur nombre et leurs griefs défendaient qu'on les appelât bandits) avaient un chef habile et résolu, dont les ordres, quels qu'ils fussent, étaient suivis avec une aveugle soumission. Le moment vint où la défense, conduite avec un ensemble merveilleux, déborda l'attaque. Les rôles changèrent. Les opprimés devinrent agresseurs, et, un beau jour, cinq mille paysans en sabots, le visage couvert de masques bizarres, firent irruption jusqu'à Rennes, et pillèrent l'hôtel de M. le lieutenant de roi.

Dès ce moment, la terreur se mit de la partie. L'insurrection acquit ce prestige qui est à toute entreprise comme un premier gage de succès. On entoura le chef des révoltés d'une mystérieuse auréole, et chacun eut à raconter sur son compte quelque miraculeux exploit. Les gens de la forêt devinrent populaires à vingt lieues à la ronde. Ils eurent leurs généalogistes et les savans du cru prirent la peine de rattacher leur association par des liens historiques, et d'ailleurs incontestables, à la fameuse société politique, les *Frères Bretons*, qui, au milieu du siècle précédent, avait failli enlever la Bretagne à la domination française.

Dès l'origine du soulèvement, les principaux conjurés s'étaient réunis en société secrète, sous les ordres de ce chef qui devait bientôt se rendre si redoutable. En ce temps déjà, les hommes de la forêt étaient les partisans naturels de cette association; mais rien n'était organisé, et les membres, affiliés de prime-abord, avaient tout à craindre. Ce fut sans doute ce danger qui leur inspira la pensée d'entourer leurs actions d'un mystère absolu, et de ne jamais quitter leur retraite sans avoir le visage couvert d'un masque. Ce masque était tout simplement un fragment de peau de loup. De là le surnom qu'on leur donna d'abord comme un méprisant sobriquet, et qui, peu de mois après, était prononcé avec terreur dans tout le pays de Rennes.

Les choses subsistèrent ainsi pendant quinze ans, avec diverses chances de succès et de revers pour les Loups, mais sans que jamais les troupes du gouvernement pussent entamer le centre de leurs opérations.

Pendant un temps assez long, les gentilshommes du voisinage avaient conclu avec la forêt une sorte de trêve tacite, et l'intendant royal, découragé, avait, durant le même temps, discontinué ses efforts. Mais Béchameil, six mois avant l'époque où commence notre histoire, eut la malencontreuse idée de recommencer les hostilités. L'explosion fut terrible. Presque toutes les loges devinrent désertes le même jour. Charbonniers, tonneliers, vanniers, etc., se rassemblèrent et coururent à la retraite permanente du noyau de l'affiliation. Là, ils trouvèrent, comme toujours, des chefs et des armes ; le lendemain, la révolte était de nouveau aux portes de Rennes ; le surlendemain, l'hôtel de l'intendant royal était au pillage.

En conscience, il fallait bien que les gens de la forêt trouvassent leur vie quelque part. On leur défendait de manger paisiblement le fruit de leur labeur ; ils ne travaillèrent plus, et ce fut tant pis pour leurs voisins. Les soldats du roi, par représailles, démolirent ou incendièrent les loges qui bordaient les grandes allées ; mais c'était là peine perdue. Les Loups savaient où trouver ailleurs un asile ; ils apprenaient en outre à s'indemniser largement des pertes qu'on leur faisait subir.

Après l'intendant royal, ce fut Hervé de Vaunoy qui reçut les plus rudes atteintes de leur méchante humeur. Hervé de Vaunoy avait beau faire mystère de sa rancune profonde contre les Loups, qui, à diverses reprises, avaient cruellement maltraité ses domaines; il avait beau se cacher pour conseiller la rigueur au pacifique Béchameil, chaque fois que, derrière le rideau, il suggérait quelque mesure préjudiciable aux Loups, ceux-ci se vengeaient immédiatement. On eût dit, tant le châtiment suivait de près l'offense, que le chef des Loups avait au château de la Tremlays des intelligences ou des espions. Tout récemment, Vaunoy ayant ouvert l'avis que, pour détruire l'insurrection dans sa racine, il fallait attaquer la Fosse-aux-Loups et sonder le ravin; son manoir du Boüexis fut, vingt-quatre heures après, dévasté de fond en comble.

En somme, les Loups n'avaient point

d'ennemi plus mortel qu'Hervé de Vaunoy, et ils lui rendaient depuis longtemps haine pour haine.

Jude savait une partie de ces choses, et devait sous peu apprendre le reste. Dans cette querelle, son choix ne pouvait être douteux. Le souvenir de son maître et ses vieilles sympathies le portaient vers les Loups qui étaient des *Bretons*, comme disait dame Goton avec emphase, mais Jude n'avait ni la volonté ni le loisir de prêter l'appui de son bras aux gens de la forêt. Sa mission était définie ; les dernières paroles de Treml mourant retentissaient encore à son oreille, et il eût regardé comme un crime de s'arrêter sur la voie tracée par le suprême commandement de son maître, ou même de s'écarter un instant du droit chemin.

Il était huit heures du matin, à peu près, lorsque Jude arriva en vue de la croix de Mi-Forêt. Ce lieu était en grande vénération dans tout le pays, et les bonnes gens des alentours avaient surtout une dévotion en quelque sorte patriotique pour une petite madone dont la niche était pratiquée dans le bois même de la croix. C'était à cette vierge, connue, comme la croix, sous le nom de Notre-Dame-de-Mi-Forêt, que Nicolas Treml avait dit son dernier Ave en quittant la terre de Bretagne, qu'il ne devait plus revoir. Jude mit pied à terre devant le monument rustique, s'agenouilla et pria.

Quelques minutes après, il apercevait, à travers l'épais branchage d'un bouquet de hêtres, la fumée du toit de Pelo Rouan, le charbonnier.

La loge de Pelo se cachait au centre du bouquet, et s'élevait, adossée à un petit mamelon couvert de bruyères, où il avait pratiqué ses fours à charbon. L'aspect de ce lieu était agreste, mais riant, et un petit jardin, tout empli de fleurs comme une corbeille, donnait à la cabane un air de calme et de bien-être.

Ce jardin était le domaine de Marie. C'était elle qui plantait et arrosait ces fleurs.

Au moment où Jude dépassait les derniers arbres, Marie, assise sur le pas de sa porte, tressait avec distraction un panier de chèvrefeuille. Son esprit n'était pour rien dans son travail, mais ses petits doigts, blancs et roses et effilés, pliaient si dextrement les branches flexibles et parfumées, que le travail ne se ressentait point de sa distraction. En tressant, elle chantait, mais ce n'était pas non plus son chant qui captivait sa pensée. Sa voix pure et fraîche s'échappait par capricieuses bouffées ; la mélodie s'interrompait brusquement, puis reprenait tout à coup, tantôt mélancolique et lente, tantôt vive et joyeuse, — toujours charmante.

Ce qui occupait Fleur-des-Genêts tandis qu'elle travaillait ainsi, seule, sur le pas de sa porte, c'était Didier, le beau capitaine. Elle songeait à son bonheur de la veille. Elle l'avait revu, plus beau qu'autrefois, plus tendre que jamais ; si tendre et si beau que les rêves de l'attente et de l'absence étaient dépassés. Elle était heureuse et savourait avidement sa joie; elle n'en voulait rien perdre et chassait soigneusement toute pensée de doute et de crainte. Pourquoi douter? pourquoi craindre? n'était-il pas aussi fier et noble de cœur que de mine? avait-il jamais menti? — Et il avait dit : je t'aime! il l'avait dit avec sa bouche, avec ses yeux, avec son ame.

Aussi, le chant de Marie était une sorte de prière, hymne d'actions de grâces qui s'exhalait de son cœur pour monter, suave et doux, vers le ciel.

Elle avait mis, ce matin, une sorte de

coquetterie dans sa parure. Les corolles d'azur de quelques bleuets d'automne se montraient çà et là parmi l'or pâle et ruisselant de sa chevelure. Elle avait serré, à l'aide de rubans de soie, le corsage éclatant des filles de la forêt, et ses petits sabots, comparables aux mules de cristal des contes de fées, rendaient plus remarquable la mignonne délicatesse de son pied ; mais sa parure n'était pas tant dans ses ornemens champêtres que dans l'allégresse angélique qui rayonnait à son front. Les regards de ses grands yeux bleus, reconnaissans et dévôts, allaient vers Dieu avec son chant. Elle était belle ainsi et digne du gracieux nom qu'avait trouvé pour elle la poésie des chaumières, car elle avait de la fleur l'éclat, la fraîcheur et les parfums.

Jude l'aperçut et un sourire paternel vint à sa lèvre de vieux soldat. Lorsque Marie le vit à son tour, elle rougit, effrayée, et voulut s'enfuir, mais le loyal visage de Jude la rassura. Elle se leva et fit la révérence avec le respect qu'on doit à un vieillard.

— Ma jolie fille, dit l'écuyer en s'avançant, je cherche la demeure de Pelo Rouan.

— C'est mon père, répondit Fleur-des-Genêts.

— Dieu lui a donné une douce et belle enfant, ma fille... Puisque c'est ici sa demeure, je vais entrer afin de l'entretenir.

Jude joignit l'action à la parole, et mit

le pied sur le seuil; mais Fleur-des-Genêts lui barra vivement le passage.

— On n'entre pas ainsi, dit-elle doucement, dans la maison de Pelo Rouan. Je voudrais vous dire : Arrêtez-vous ici et reposez-vous... Mais nul ne passe le seuil de notre pauvre demeure; tel est l'ordre de mon père.

— Cependant... voulut insister Jude.

— Tel est l'ordre de mon père, répéta résolument Marie.

L'honnête écuyer avait des motifs trop sérieux de vouloir interroger Pelo Rouan pour se payer d'un semblable refus. De son côté, Fleur-des-Genêts, quand il ne s'agissait point du beau capitaine, exécutait à la lettre la consigne de son père et fermait la porte à tout venant. En cette circonstance, elle avait tout l'air de vouloir défendre opiniâtrement la brèche. Heureusement les choses n'en devaient point venir à cette héroï-comique extrémité.

A ce moment, en effet, une voix se fit entendre tout au fond de la loge.

— Enfant, dit-elle, regarde bien la figure de cet homme, afin de ne lui refuser jamais l'entrée de la demeure de ton père... Fais place!

Fleur-des-Genêts se rangea aussitôt. Jude, étonné, restait immobile et hésitait à s'avancer.

— Approche, Jude Leker, reprit la voix. Sois le bienvenu, bon serviteur de Treml... Je t'attendais.

LA LOGE.

XXIV

Nul obstacle n'empêchait plus Jude Leker de franchir le seuil de la loge. Fleur-des-Genêts, en effet, obéissant à la voix de son père, s'était mise à l'écart. Néanmoins, le vieil écuyer ne se pressait point de profiter de la permission donnée. Il demeurait immobile, à la même place, craignant un piége et se demandant quel pouvait être cet homme qui affectait de prononcer le nom de Treml avec amour.

La défiance, au reste, était permise en ce temps et en ce lieu. L'intérieur de la loge avait un aspect étrange et fait pour inspirer les soupçons. La lumière n'y pénétrait que par la basse ouverture de la porte, de telle sorte que, du dehors, tout y paraissait plongé dans une obscurité profonde. On éprouvait là ce sentiment de vague crainte qui prend le voyageur au moment de passer l'ouverture d'une grotte ténébreuse, au fond de laquelle reluisent les regards phosphorescens d'un animal inconnu.

Jude était arrivé de la veille. Vingt années de captivité avaient dû changer son visage, et pourtant il y avait là, dans la nuit de cette sombre loge, un homme qui savait son nom, et qui lui disait :

— Je t'attendais !

Etait-ce un ami ou un ennemi ? et cette cabane inhospitalière, qui s'ouvrait pour lui seul, ne cachait-elle point une embûche?

Jude était brave jusqu'à la témérité ; mais il se devait à la volonté dernière de son maître : il avait frayeur de mourir avant d'avoir obéi.

Néanmoins, son hésitation ne fut point de longue durée. Un second regard, jeté sur les traits angéliques de Fleur-des-Genêts, chassa de son esprit toutes noires pensées. Où habitait cette enfant il ne pouvait y avoir trahison.

Jude entra dans la cabane. Ses yeux, habitués au grand jour, ne distinguèrent rien d'abord.

— Par ici, dit la voix.

Le bon écuyer tourna aussitôt ses regards de ce côté, et aperçut dans l'ombre épaisse qui emplissait le fond de la loge deux points ronds et lumineux comme les yeux d'un chat sauvage. Il s'avança résolument; une main saisit la sienne et l'attira vers un banc de bois.

Dans cette position, Jude se trouva assis, tournant le flanc au vif rayon de jour qui pénétrait par l'ouverture. Sa vue, qui s'accoutumait graduellement aux ténèbres, lui permit de distinguer la forme de la cabane et son ameublement. C'était une grande chambre carrée, sans fenêtres, ou dont les fenêtres étaient hermétiquement bouchées. Le plafond était si bas, que l'écuyer s'étonna de ne l'avoir point touché du front tandis qu'il était debout. Dans l'un des angles opposés à la porte, une planche inclinée, recouverte de paille, servait sans doute de lit à l'un des habitans de cette pauvre retraite. Le reste de l'ameublement consistait en deux bancs et quelques escabelles qui entouraient une table de bois simplement dégrossi. Rien dans tout cela qui pût servir au sommeil d'une jeune fille. Marie devait avoir une autre retraite.

Entre Jude et le jour il y avait la silhouette entièrement noire d'un homme assis, comme lui, sur un banc. Les deux points ronds et lumineux que Jude avait aperçus dans l'obscurité se trouvaient maintenant entre lui et le jour ; c'étaient les yeux de cet homme.

— C'est vous qui êtes le charbonnier Rouan ? lui demanda Jude.

— Je suis en effet celui qu'on nomme ainsi, mon compagnon ; — et je te répète : sois le bienvenu dans ma maison ; je t'attendais.

— Vous me connaissez donc ?

— Peut-être bien, mon homme.

— Moi, je ne puis dire si je vous connais, car je ne vois point votre visage.

Pelo Rouan se leva en silence, prit la main de Jude et le conduisit au seuil. Là, il exposa en plein sa face noircie aux rayons du jour.

— Je ne vous connais pas! dit Jude après l'avoir attentivement examiné.

Pelo Rouan regagna sa place première, et Jude le suivit.

— Tu as raison, dit lentement le charbonnier ; tu ne me connais pas. Cette loge a été bâtie longtemps après le départ de Nicolas Treml... mais ce n'est pas pour me parler de toi ou de moi que tu as quitté le château ?

— C'est vrai. Je suis venu vers vous...

— Tu as bien fait, interrompit Pelo Rouan, et tu fais toujours bien, Jude Leker, parce que ton cœur est fidèle et loyal..... Quant au motif de ta visite, point n'est besoin de me l'apprendre; je le sais.

— Vous le savez ! répéta Jude avec surprise.

— Je le sais... Tu viens me demander des nouvelles d'un malheureux idiot qu'on appelait Jean Blanc.

— Serait-il mort ? s'écria Jude.

— Non.... Et tu veux savoir de ses nouvelles, afin d'apprendre de lui le sort de l'héritier de Treml.

— C'est vrai! c'est encore vrai! murmura Jude, dont l'honnête, mais lourde nature était violemment secouée par ce qu'il y avait de bizarre dans cet incident imprévu. — Vous qui connaissez l'unique but de ma vie, qui êtes-vous, au nom de Dieu, qui êtes-vous ?

— Je suis le charbonnier Rouan, répondit Pelo avec simplicité; — un pauvre homme dont la vie obscure fut cruellement éprouvée, un homme qui a quelques bienfaits à payer et bien des outrages à venger.

— Et savez-vous quelque chose du petit monsieur Georges ?

La voix de Pelo se fit profondément triste pendant qu'il répondait :

— Je ne sais rien, rien que ce que vous savez vous-même... Plût au ciel que le château de la Tremlays eût gardé son dépôt aussi fidèlement que le chêne de la Fosse-aux-Loups.

Ces derniers mots firent tressauter Jude sur son banc.

— Le chêne de la Fosse-aux-Loups! balbutia-t-il.

— Le creux du chêne de la Fosse-aux-Lous.

Si l'obscurité eût été moins épaisse, on eût pu voir Jude changer deux ou trois fois de couleur dans l'espace d'une seconde. Il prit entre ses doigts de bronze le bras du charbonnier, et le serra convulsivement.

— Qui que tu sois, tu en sais trop long, dit-il d'une voix basse et menaçante.

Le bras de Rouan était bien frêle pour appartenir à un homme de sa taille. La force de Jude était si évidemment supérieure qu'il semblait que le bon écuyer n'eût qu'un geste à faire pour renverser son hôte sous ses pieds. Néanmoins, celui-ci garda une contenance tranquille et se renferma dans un hautain silence.

— Qui t'a dit cela ? poursuivit Jude avec une exaltation terrible. Sur mon salut, il faut que tu donnes ton ame à Dieu, car tu as surpris le secret de Treml, et c'est moi qui suis le gardien de ce secret.

Et Jude, sans lâcher le bras de Rouan, porta vivement la main à son épée.

Mais, pendant que le bon écuyer dégaînait, le maigre bras de Pelo Rouan tourna entre ses doigt robustes ; les muscles de ce bras se tendirent et devinrent d'acier. Jude voulut serrer plus fort, et ses doigts choquèrent la paume de sa main, qui était vide.

D'un bond, Pelo avait franchi toute la longueur de la loge. Jude n'apercevait plus que le rouge éclat de ses yeux qui brillaient de loin dans l'ombre. Il se précipita impétueusement de ce côté; le bruit de deux pistolets qu'on armait ne l'arrêta point ; mais, dans sa course, il heurta du pied une escabelle renversée et tomba lourdement sur le sol.

A l'instant même, le genou de Pelo Rouan s'appuya sur sa gorge.

— Si tu te relèves, tu me tueras, mon homme, dit le charbonnier avec calme; c'est pourquoi, si tu essaies de te relever, je te tue.

Jude sentit sur sa tempe le froid de la bouche d'un pistolet.

— La vieillesse ne t'a point changé, reprit Pelo; — brave cœur et cervelle bornée... Que veux-tu que je fasse de ton secret?... et si les cent mille livres m'eussent tenté, seraient-elles encore au creux du chêne?

— C'est vrai, dit pour la troisième fois le pauvre Jude; — mais je ne sais pas qui vous êtes...

— Peut-être ne le sauras-tu jamais...

que t'importe ? Je t'ai laissé voir que je suis l'ami de Treml, et Treml, vivant ou mort, a-t-il trop d'amis pour que deux d'entre eux ne daignent point s'expliquer avant de s'entr'égorger, lorsque la Providence les rassemble ?

— Je suis à votre merci, murmura Jude. Puisse Dieu permettre que vous soyez en effet un ami de Treml !

Pelo Rouan ôta son genou et Jude se releva.

— Ramasse ton épée, dit le charbonnier; — j'ai confiance en toi, bien que tu te sois fait le valet d'un Français...

— Un brave jeune homme...

— Un ennemi de la Bretagne, poursuivit

Rouan avec amertume, et mon ennemi à moi.... Mais il ne s'agit point de lui, et son compte ne sera pas long à régler désormais... Revenons à Treml.

Jude remit son épée dans le fourreau, et tous deux s'assirent de nouveau sans défiance l'un près de l'autre.

— Vous avez été généreux, dit Jude; car je vous avais rudement attaqué. Aussi, je ne vous demanderai point qui vous a rendu maître du secret de notre monsieur. Entre vos mains il est en sureté; je me fie à vous, comme vous à moi... Touchez là, s'il vous plaît.

— De grand cœur, mon homme.... Jean Blanc, qui est, je puis le dire, un autre moi-même, m'a souvent parlé de vous. Vous étiez miséricordieux et bon pour le pauvre insensé..... Merci pour lui, qui s'en souvient, ami Jude, et qui pourra peut-être vous rendre quelque jour le bien que vous lui avez fait.

— Qu'il le rende à Treml, le pauvre garçon !

— Il a fait ce qu'il a pu pour Treml, dit Pelo Rouan avec tristesse et solennité.

— Sans doute... mais ce qu'il pouvait était, par malheur, peu de chose.

— Autrefois, il en était ainsi, parce que Jean Blanc ne savait rendre que le bien pour le bien... Depuis, il a appris à rendre le mal pour le mal, — et il est devenu fort.

— N'est-il donc plus fou? demanda Jude.

— Dieu nous envoie parfois des épreuves si violentes, que les gens sains en perdent l'esprit, répondit Pelo Rouan; — ces secousses rendent la raison aux insensés... Jean Blanc n'est plus fou.

— Et a-t-il conservé la mémoire des faits depuis long-temps passés?

— Il se souvient de tout.

— Il faut que je le voie! s'écria Jude.

Un imperceptible tremblement agita la paupière de Pelo Rouan.

— Voir Jean Blanc! dit-il d'une voix étrange; — il y a bien long-temps que personne n'a pu se vanter de l'avoir rencontré face à face sous le couvert... Croyez-moi, mon homme; contentez-vous de m'interroger moi-même et ne cherchez pas à joindre Jean Blanc.

— Mais il pourrait me dire peut-être....

— Rien que je ne puisse vous apprendre.

— Pourtant....

— Il m'a tant de fois ouvert son cœur et ses souvenirs !... Ecoutez. Voulez-vous que je vous raconte le lâche assassinat de l'étang de la Tremlays?... J'en sais les moindres circonstances... Il me semble voir l'infâme Hervé de Vaunoy.

— Contez ! contez ! interrompit Jude avidement ; je ne hais point encore assez cet homme !

Pelo Rouan raconta dans le plus minutieux détail le meurtre horrible dont Vaunoy s'était rendu coupable sur la personne d'un enfant de cinq ans, petit-fils de son bienfaiteur. Il parla long-tems, et Jude l'écouta constamment avec une religieuse attention. La mort de Job arracha une larme au vieil écuyer, et l'arrivée de l'albinos, sautant au milieu de l'étang pour sauver le petit Georges, lui fit pousser un cri d'enthousiasme.

— Après ! après ! dit-il en retenant son souffle ; — que Dieu récompense le pauvre fou !... Après !

Pelo reprit son récit. En arrivant à l'accès de délire qui saisit Jean Blanc dans la forêt, sa voix faiblit et chevrotta comme la voix d'un homme qui se retient de pleurer.

— Jean abandonna l'enfant, dit-il. Quand il revint, il n'y avait plus sur le fossé que la veste de peaux de lapins qui était en ce temps-là le vêtement ordinaire du pauvre albinos... Il tomba sur ses genoux... Il pria Dieu... Dieu et Notre-Dame... il pleura.

Jude haussa les épaules avec colère.

— Il pleura des larmes de sang! reprit Pelo Rouan dont un sanglot souleva la poitrine — et, quand il parle de cette affreuse soirée, il pleure encore, car le souvenir de Tréml vit au fond de son cœur.

— Mais pourquoi ne pas courir, chercher ?...

— Son esprit, en ce temps, était bien

faible... Il demeura jusqu'au lendemain matin affaissé sur le sol humide, sans force et sans pensée... Le lendemain, il courut, il chercha, mais il ne trouva point.

— Et nulle trace? Rien qui puisse faire reconnaître?...

— Rien.

Pelo Rouan prononça ce mot d'un ton morne et découragé. Jude, qui jusqu'alors avait dévoré chacune de ses paroles avec une fiévreuse ardeur, laissa retomber ses bras le long de son corps, et courba la tête.

— Rien, répéta-t-il; — mais alors il n'y a donc plus d'espoir!

— Il y a bien long-temps que Jean Blanc

perdu tout espoir, répondit le charbonnier; mais Dieu est bon et la race de Treml ne produisit jamais que des justes et des chrétiens. Peut-être le petit Georges a-t-il été recueilli. En ce cas, la Providence aidant, nous pourrions le reconnaître.

— Comment cela? demanda vivement Jude Leker.

— Jean Blanc avait une de ces médailles de cuivre qu'on frappait autrefois à Vitré en l'honneur de Notre-Dame-de-Mi-Forêt. C'était le seul héritage que lui eût laissé sa mère. Lorsque sa folie le prit, dans cette horrible soirée, il la sentit venir, et, dévot à la sainte mère de Dieu, il passa la médaille au cou de l'enfant, qu'il mit ainsi sous la garde de Notre-Dame.

— Mais, il y a tant de ces médailles !

— Celle de Jean Blanc avait, sur le revers, une croix gravée au couteau, et Mathieu Blanc, son père, en possédait seul une semblable, qui est maintenant au cou de Marie.

— Cette belle enfant que je viens de voir ?...

— La fille de Jean Blanc, l'albinos.

Marie, qui continuait sa corbeille de chèvrefeuille en chantant à voix basse au dehors sa complainte favorite, entendit prononcer son nom et montra sa blonde tête à la porte.

— La fille de... commença Jude.

— Silence! interrompit le charbonnier. Elle se croit ma fille... Approche, Marie.

Fleur-des-Genêts obéit aussitôt, et Pelo Rouan, prenant la médaille qui pendait à son cou, la mit entre les mains du vieil écuyer. Celui-ci la tourna et retourna dans tous les sens.

— Puisse Dieu me faire rencontrer sa pareille! murmura-t-il. Je la reconnaîtrais maintenant entre mille... mais c'est un pauvre indice.

Marie s'éloigna sur un signe du charbonnier, et bientôt on entendit au dehors la suave mélodie du chant d'Arthur.

— Elle chante, en effet, la chanson de Jean Blanc, dit Jude. Le pauvre garçon n'était pas beau pour avoir donné le jour à une si jolie fille !

— Il était laid, répondit le charbonnier avec mélancolie ; — il était repoussant à voir, n'est-ce pas ?... Et pourtant Dieu permit qu'un ange pût le contempler sans horreur ni dégoût. Marie est le portrait vivant de sa mère... Mais je ne vous ai pas dit, mon compagnon, ajouta-t-il en changeant de ton subitement, il est encore une chance de retrouver l'héritier de Treml ; cette chance, bien précaire il est vrai, peut amener un résultat avec l'aide de Jean Blanc...

— Jean Blanc ! murmura Jude d'un air de doute ; — vous me parlez toujours de Jean Blanc... Que peut le pauvre diable, lorsque des hommes ne peuvent pas?

— Vous ne savez pas ce que c'est que Jean Blanc, dit le charbonnier avec une légère emphase dans la voix... Je vais vous dire où est sa force et ce qu'il peut pour le fils de Treml.

HUIT HOMMES

ET UN COLLECTEUR.

XXV

Les derniers mots de Pelo Rouan avaient galvanisé le vieil écuyer de Treml. Quand on désire ardemment, l'espoir perdu revient vite, et la simple possibilité dont parlait le charbonnier remit du courage au cœur de Jude. Il s'approcha pour ne pas perdre une parole et attendit impatiemment la confidence de Rouan.

Mais celui-ci était tombé dans la rêverie et gardait le silence.

— Eh bien! dit Jude, le moyen de retrouver notre jeune monsieur!

Pelo Rouan tressaillit légèrement.

— Le moyen, répéta-t-il; j'ai parlé d'une chance faible et précaire... Crois-tu donc que s'il y avait eu un moyen, Jean Blanc ne l'aurait pas employé?

— Toujours Jean Blanc, pensa Jude.

Et la curiosité se joignit au puissant intérêt du dévoûment pour stimuler son impatience. — Quel miracle avait donc grandi le malheureux albinos jusqu'à en faire l'arc-boutant sur lequel pût s'appuyer la destinée de Treml ?

« Il y a vingt ans de cela, reprit Pelo Rouan avec lenteur et comme s'il se fût parlé à lui-même ; — mais ce sont des choses dont le souvenir ne se perd qu'avec la vie... Ecoute, mon homme : quand j'aurai dit, tu connaîtras Jean Blanc comme il se connaît lui-même... C'était quelques mois après la disparition de l'enfant. Pontchartrain, que Dieu confonde ! était encore intendant de l'impôt, et ses agens n'avaient jamais osé jusque-là pénétrer dans les retraites écartées des pauvres gens de la forêt. Un matin que Jean coupait du cercle dans un haut châtaignier, sur la partie des bois du Boüexis qui borde la route de Rennes, il vit une nombreuse cavalcade s'enfoncer dans la forêt.

» Il y avait des soldats armés en guerre; il y avait aussi de ces sangsues couvertes de drap noir, dont nous devions apprendre bientôt les attributions et le métier... Au devant de la troupe marchaient deux gentilshommes.

» Ce pouvait être une compagnie de bourgeois, de nobles et de soldats, faisant route vers la France; mais Jean Blanc avait cru reconnaître, dans l'un des gentilhommes qui chevauchaient en tête, le lâche Hervé de Vaunoy. Or, depuis l'aventure de l'enfant, Vaunoy haïssait terriblement Jean

Blanc qui n'avait point su retenir sa langue... »

— Il avait bien fait! interrompit Jude. Son devoir était de publier partout le crime...

— Il ne faut pas parler de trop bas, quand on dit certaines choses, ami Jude... « Jean Blanc était alors une créature un peu moins considérée que Job, le fidèle chien de Nicolas Treml. Job voulut aboyer : on le tua : Jean Blanc aurait mieux fait de se taire... Quoi qu'il en soit, il avait parlé, et Vaunoy n'était pas homme à lui pardonner les bruits sinistres qui commençaient à courir dans le pays. En voyant ce misérable suivi de soldats, Jean Blanc eut une vague frayeur. Il songea à son père, qui gisait seul dans la loge de la Fosse-aux-Loups, et se laissa glisser le long du tronc du châtaignier pour éclairer la marche de la cavalcade.

» La cavalcade s'arrêta non loin d'ici, à la croix de Mi-Forêt. Les soldats s'étendirent sur l'herbe; la gourde circula de main en main. — Quant aux gens vêtus de noir, ils entourèrent les deux gentilshommes et il se tint une manière de conseil.

» Jean s'approcha tant qu'il put. On parlait : il n'entendait pas. Pourtant, il voulait savoir, car il voyait maintenant, comme je te verrais s'il faisait clair en ma loge, l'hypocrite visage d'Hervé de Vaunoy. Il s'approcha encore ; il s'approcha si près que les soudards du roi auraient pu apercevoir au ras des dernières feuilles les poils blanchâtres de sa joue. — Mais on causait tout bas, et Jean Blanc ne put saisir qu'un seul mot.

» Ce mot, c'était le nom de son père.

» Jean Blanc se sentit au cœur une angoisse poignante. Le nom de Mathieu Blanc dans la bouche de Vaunoy, en un pareil lieu, c'était la plus terrible des menaces. Jean se jeta sur le ventre et coula entre les tiges de bruyères comme un serpent. Nul ne l'aperçut. Il put entendre.

» Il entendit que les gens vêtus de noir venaient dans la forêt pour dépouiller les loges au nom du roi de France. Les soldats étaient là pour assassiner ceux qui résisteraient. Les gens vêtus de noir se partagèrent la besogne ; c'étaient les suppôts de l'intendant royal.

» Le nom du père de Jean avait été prononcé, parce que les collecteurs ne voulaient point se déranger pour un si pauvre homme, mais Vaunoy les avait excités. — Il a de l'or, disait-il; je le sais; c'est un faux indigent; sa misère est menteuse. Saint Dieu ! s'il le faut, je vous accompagnerai dans son bouge. Mais, retenez bien ceci : il a de l'or et quelques coups de plat d'épée lui feront dire où est caché son pécule.

» Les autres répondirent : — allons chez Mathieu Blanc.

» Alors Jean se coula de nouveau, inaperçu, entre les tiges des bruyères. Une fois sous le couvert, il bondit et s'élança vers la Fosse-aux-Loups.

» Par hasard Vaunoy ne mentait pas. Il y avait de l'or dans la pauvre loge de Mathieu Blanc : quelque pièces d'or, reste de la suprême aumône de Nicolas Treml, quittant pour jamais la Bretagne. »

— Oui, oui, murmura Jude; en partant, il n'oublia pas son vieux serviteur. Ce fut moi qui jetai la bourse au seuil de la loge.

Pelo Rouan parut ne point prendre garde à cette interruption.

« Lorsque Jean arriva dans la cabane, poursuivit-il, ses forces défaillaient, tant son émotion était navrante. Il avait le pressentiment d'un cruel malheur... Vous connaissiez Mathieu Blanc, ami Jude; ç'avait été un homme vaillant et fort, mais la vieillesse et la souffrance pesaient un poids trop lourd sur les derniers jours de sa vie. Ce n'était plus, au temps dont je parle, qu'un pauvre vieillard, incessamment couché sur son grabat, miné par la maladie et stupéfié par les progrès lents et sûrs d'une mort trop longtemps attendue. En entrant, Jean lui mit au front un baiser, suivant sa coutume, et le vieillard lui dit : — Je souffre moins, Jean, mon fils...

» Une autre fois, Jean se serait réjoui, car il aimait son père avec ardeur et dévoûment, mais il songea aux cavaliers qui sans doute en ce moment galopaient vers la loge, et il frémit de rage et de peur.

» La bourse où se trouvait le reste des pièces d'or de Treml était sur la table. Jean n'eut pas l'idée de la cacher. Ce qu'il cacha, ce fut le vieux mousquet dont se servait son père au temps où il était soldat. — Une bonne arme, mon homme, portant loin et juste ! Jean la jeta dans les broussailles, au dehors, avec sa poire à poudre et des balles.

» Puis il revint s'asseoir au chevet de son père.

» Quelques minutes se passèrent. Un bruit sourd retentit au loin sur la mousse des sentiers de la forêt. — Jean comprit que les cavaliers avaient mis pied à terre au delà des fourrés et qu'ils s'avançaient vers le ravin. Il se précipita vers le trou qui servait de croisée, et souleva la serpillière afin de voir au dehors. Il n'attendit pas longtemps. Bientôt le taillis s'agita de l'autre côté du ravin et des hommes parurent. Jean les compta. Il y avait un collecteur, huit soldats et Hervé de Vaunoy.

» Jean les vit gravir péniblement la lèvre du ravin. Puis on frappa rudement à la porte, dont les planches vermoulues craquèrent. Jean alla ouvrir, avant même que l'homme vêtu de noir eût crié son : De par le roi !

» Des soldats entrèrent en tumulte, suivis de Vaunoy qui resta prudemment, près du seuil. Le collecteur tira de son pourpoint une pancarte et lut des mots que Jean ne sut point comprendre. Puis il dit :

— Mathieu Blanc, je vous somme de payer cent livres tournois pour tailles présentes et arriérées depuis dix ans.

» Mathieu Blanc s'était retourné sur son grabat, et regardait tous ces hommes armés avec des yeux hagards.

» Le collecteur répéta sa sommation, et les soldats l'appuyèrent en frappant la table du pommeau de leurs épées.

— J'ai soif, Jean, dit faiblement le vieillard.

» Le cœur de Jean se brisait, car l'agonie se montrait sur les traits flétris de son vieux père. Il voulut prendre le remède qui était sur la table, mais l'un des soldats leva son épée et fit voler le vase en éclats.

« — Qu'il paie d'abord, dit le soldat; après il boira...

» Vaunoy, qui était sur le seuil, se prit à rire.

» Les dents de Jean étaient serrées à se briser. Il ne pouvait parler, mais il montra du geste la bourse, et le collecteur s'en empara.

» — Je vous disais bien qu'ils avaient de l'or! grommela Hervé de Vaunoy qui riait toujours.

» Le collecteur compta quatre louis et

demanda les quatre livres qui manquaient.

» — J'ai soif! murmura Mathieu Blanc, que prenait le râle de la mort.

» Pas une goutte de liquide dans la cabane! Jean Blanc... se mit à genoux devant un soldat qui portait une gourde. Le soldat comprit et eut compassion; mais Vaunoy s'avança et repoussant l'albinos avec haine :

» — Qu'il paie! dit-il.

» — Je n'ai plus rien! sanglotta Jean; — plus rien, sur mon salut; tuez-moi et prenez pitié de mon père.

» Mathieu Blanc fit effort pour se lever; il étouffait ; — c'était horrible...

» — J'ai soif! râla-t-il une dernière fois.

« Puis il retomba, mort, sur la paille du grabat. »

En arrivant à cette partie de son récit, la voix de Pelo Rouan était graduellement devenue haletante et étranglée. Elle s'éteignit tout à coup lorsqu'il prononça ces derniers mots, et Jude sentit sa main mouillée, comme par une goutte de sueur ou une larme.

Le bon écuyer, du reste, n'était guère moins ému que Pelo Rouan lui-même.

— Le pauvre garçon! murmura-t-il en serrant convulsivement ses gros poings; — le pauvre garçon! voir ainsi assassiner son père!... et ce misérable Vaunoy!... pour Dieu, mon homme, que fit Jean Blanc après cela?

Pelo Rouan respira avec effort.

— Jean Blanc ?.. Jean Blanc, répondit-il, lorsqu'il mourra, n'éprouvera point une angoisse comparable à celle de cet affreux moment. Il voila le visage de son père mort et s'agenouilla auprès du lit, sans plus savoir qu'il y avait là dix misérables pour railler sa douleur. Mais il ne lui laissèrent pas oublier longtemps leur présence.

— Eh bien ! manant, dit le collecteur, les quatre livres que tu dois au roi !

» Jean Blanc se leva et se retrouva face à face avec ces hommes qui venaient de tuer son père. Un instant il crut que son débile cerveau allait éclater ; sa folie le pressait ; il sentit les approches du délire ; mais une force inconnue et nouvelle le grandit tout à coup. Son esprit vacillant s'affermit. Il se reconnut homme après sa longue enfance, et ce fut comme une goutte de joie au milieu de son immense douleur.

» — Arrière! cria-t-il d'une voix qui ne gardait rien de sa faiblesse passée.

» Les soldats se mirent entre lui et la porte, mais Jean Blanc avait du moins conservé son agilité prodigieuse; il bondit, et son corps, lancé comme la balle d'un mousquet, passa au travers de la serpillière qui fermait la croisée. Dehors, Jean Blanc retomba sur ses pieds. Lorsque les soldats sortirent en criant et menaçant, il avait déjà disparu dans les broussailles.

» — Tirez! cria Vaunoy; tuez-le comme

un animal nuisible, ou il prendra sa revanche!..

» Quelques coups de feu se firent entendre, mais l'albinos ne fut point atteint, quoique vingt pas le séparassent à peine de la loge. Il ne bougea pas et demeura coi dans les broussailles.

» Alors commença une œuvre sans nom. Furieux d'avoir vu l'une de ses victimes lui échapper, Vaunoy, — cet homme au visage doucereux et souriant, qui assassine sans froncer le sourcil, — Vaunoy ordonna aux soldats d'incendier la loge. On alluma des fascines à l'aide d'une batterie de fusil, et bientôt une flamme épaisse entoura le lit de mort du vieux serviteur de Treml. »

— Les misérables ! s'écria Jude : — et que fit Jean Blanc ?

— Attends donc ! dit Pelo Rouan dont les dents serrées semblaient vouloir retenir sa voix ; — « Jean ne bougea pas tant que les assassins restèrent autour de la loge, riant comme des sauvages, et blasphémant comme des démons. Quand ils se retirèrent, Jean s'élança hors de sa cachette, pénétra dans la loge en feu, et prit le cadavre de son père qu'il emporta au dehors, afin de lui donner plus tard une sépulture chrétienne.
— Il ne fit point en ce moment de prière; à peine mit-il un court baiser sur le front du vieillard, desséché déjà par le vent brûlant de l'incendie.

» Jean Blanc n'avait pas le temps.

» Il saisit le fusil qu'il avait caché sous les ronces, le chargea et descendit en trois bonds le ravin, dont il remonta de même la rampe opposée. Puis il s'élança, tête première, dans le fourré. Les assassins avaient de l'avance; mais le vent d'équinoxe ne va pas aussi vite qu'allait Jean Blanc poursuivant les meurtriers de son père. »

— Bien cela! s'écria encore Jude, bien, Jean Blanc, mon garçon!

—Attends donc!...« Avant qu'ils eussent atteint la lisière du fourré où étaient attachés leurs chevaux, un coup de fusil retentit sous le couvert. Le collecteur tomba pour ne plus se relever. »

Jude battit des mains avec enthousiasme.

— Et Vaunoy ! dit-il, et Vaunoy.

« — Vaunoy devint plus pâle que le corps mort du vieux Mathieu. Il tremblait; ses dents s'entrechoquaient. — Hâtons-nous, hâtons-nous ! dit-il.

» Ils se hâtèrent; mais, au moment où ils atteignaient leurs chevaux, on entendit encore un coup de fusil.— Le soldats qui avait brisé, sur la table, le vase qui contenait le remède de Mathieu Blanc, poussa un cri et se laissa choir dans la mousse. »

— Mais Vaunoy, mais Vaunoy ! interrompit Jude.

« — Attends donc !... Ils montèrent à cheval. La terreur était peinte sur tous les visages naguère si barbarement insolens. Ils prirent le galop, croyant se mettre à l'abri... Insensés!... Jean Blanc ne savait-il pas comment abréger la distance ? La route tournait ; Jean Blanc allait toujours tout droit. Point de taillis assez épais pour arrêter sa course, point de ravin si large qu'il ne pût franchir d'un bond... Aussi, à chaque coude du chemin, le vieux mousquet faisait son devoir. C'était une bonne arme, je te l'ai déjà dit, et Jean Blanc tirait juste.

» A chaque détonation qui ébranlait la voûte du feuillage, un homme chancelait sur son cheval, et tombait. Jean Blanc les chassait au bois, et pas une seule fois il ne brûla sa poudre en vain.

» De temps en temps, ceux qui restaient essayaient de battre le fourré pour détruire cet invisible ennemi qui leur faisait une guerre si acharnée. Plus d'une balle siffla aux oreilles de Jean Blanc tandis qu'il rechargeait son arme derrière quelque souche de châtaignier ; — mais ces efforts n'aboutissaient qu'à retarder la marche des soldats. Aussitôt qu'ils avaient regagné la route, un coup partait, un homme mourait. »

— Par le nom de Treml! s'écria Jude qui s'exaltait de plus en plus au récit de cette sauvage vengeance ; — je n'aurais jamais cru le pauvre Lapin-Blanc capable de tout cela... Sur ma foi ! c'est un vaillant garçon, après tout... Mais Vaunoy, n'essaya-t-il point de tuer ce mécréant de Vaunoy ?

— Attends donc!... « Jean Blanc n'oubliait point Vaunoy, mon homme; il faisait comme ces gourmands qui gardent le plus fin morceau pour la dernière bouchée; il gardait Vaunoy pour la bonne bouche.

» Le moment vint où le dernier soldat vida la selle et se coucha par terre comme ses compagnons. Jean Blanc avait tué huit hommes et un collecteur des tailles. Il ne restait plus que Vaunoy. Celui-ci, plus mort que vif, poussait furieusement son cheval, rendu de fatigue. Jean Blanc mit deux balles dans son fusil et s'en alla l'attendre au dernier détour de la route, sur la lisière de la forêt. »

— A la bonne heure! interrompit Jude

Leker en frappant ses deux mains l'une contre l'autre.

Le bon écuyer faisait comme ces gens du peuple qui se passionnent tout de bon pour les péripéties fabuleuses d'une pièce de théâtre. Il avait vu Vaunoy la veille, et pourtant il espérait sérieusement que Vaunoy allait être tué dans le récit de Pelo Rouan.

Celui-ci secoua la tête.

— « Lorsque parut le nouveau maître de la Tremlays, poursuivit-il, Jean Blanc visa. Son âme passa dans ses yeux : rien au monde désormais ne pouvait sauver Hervé de Vaunoy...

— Eh bien ! dit Jude, voyant que le charbonnier hésitait.

— Vaunoy regagna son château sain et sauf, répondit Pelo Rouan.

— Pourquoi ?... Jean Blanc le manqua ?

— Jean Blanc ne tira pas.

Jude laissa échapper une exclamation énergique de désappointement.

— Jean Blanc ne tira pas, reprit lentement le charbonnier, parce que le souvenir de Treml traversa son esprit à ce moment, et qu'il ne voulut pas anéantir, même pour venger son père, la dernière chance de connaître le sort du petit M. Georges.

UN ACCÈS DE HAUT-MAL.

XXVI

La voix de Pelo Rouan avait été rauque et rudement accentuée, tandis qu'il racontait la terrible chasse de Jean Blanc dans la forêt. Sa respiration soulevait péniblement sa poitrine, et ses yeux rouges brillaient d'un effrayant éclat. Quand il vint à parler de Treml, sa voix se fit grave, et perdit la sauvage emphase qui avait mis jusqu'alors tant d'émotion dans son récit.

— Si c'est dans l'intérêt du petit Monsieur que Jean épargna Hervé de Vaunoy, personne ne peut le blâmer, dit Jude; — mais du diable si je comprends comment ce triple traître pourra jamais venir en aide à la race de Treml !

— Quand il aura sous la gorge un pistolet armé tenu par une main ferme, mon homme, et qu'il saura bien que ses suppôts ordinaires sont trop loin pour lui porter secours.

Jude se gratta le front d'un air pensif.

— Il y a du vrai là dedans, dit-il; mais

Vaunoy lui-même en sait-il plus que nous?

— Peut-être... En tous cas l'heure approche où quelqu'un l'interrogera en forme là-dessus... Jean Blanc fit comme je t'ai dit : il épargna l'assassin de son père; mais ce bon sentiment qui mettait la gratitude avant la vengeance, devait être passager : les cendres de la loge étaient trop chaudes encore pour que la vengeance ne reprit bientôt le dessus. Jean Blanc se repentit d'avoir oublié son père pour le fils d'un étranger...

— D'un étranger! répéta Jude scandalisé, — le fils de son maître, voulez-vous dire.

— Jean Blanc n'eut jamais de maître,

mon homme, répondit Pelo Rouan avec hauteur; — même au temps où il était fou... Il se repentit donc et voulut recommencer la chasse, mais Vaunoy avait dépassé la lisière de la forêt et galopait maintenant dans la grande avenue du château... Il était trop tard.

— Je ne saurais trop dire, murmura Jude, si c'est tant mieux ou tant pis.

— Il sera toujours temps de reprendre cette besogne. Le difficile n'est pas d'avoir un homme au bout de son fusil dans la forêt, et Dieu sait que Jean Blanc, depuis cette époque, aurait pu bien souvent envoyer la mort à Hervé de Vaunoy, au milieu de ses serviteurs. Le difficile est de l'avoir vivant, seul, sans défense, et de lui dire : Parle ou meurs !... Jean Blanc y tâchera.

— Et je l'y aiderai.

Pelo Rouan prit la main de Jude et la secoua brusquement.

— Et le service du capitaine Didier? demanda-t-il.

— Après le service de Treml : c'est convenu entre nous.

— Prend garde! dit Pelo Rouan avec sévérité, prend garde de confier à un Français le secret d'un Breton !

— Il est bon, il est noble : je réponds de lui.

— Il est noble et bon à la façon des gens

de France, répartit amèrement le charbonnier; — juste assez noble et assez bon pour n'avoir point honte de tromper lâchement une pauvre fille... Mais, encore une fois, la guerre qui existe entre cet homme et moi ne te regarde pas... Je continue :

« Quand Jean Blanc revint à la Fosse-aux-Loups, il oublia Treml et tout le reste pour s'abîmer en sa douleur. Pendant deux jours, il coupa du cercle sans relâche, et le vieux Mathieu eut une tombe chrétienne.

» Ce devoir accompli, Jean Blanc ne voulut point retourner à la loge, dont les ruines lui rappelaient de si navrans souvenirs. Il traversa toute la forêt et alla se cacher sur la lisière opposée, de l'autre côté de Saint-Aubin-du-Cormier. — Il allait, seul, par les futaies, toujours triste, et plus que jamais frappé par la main de Dieu, car sa folie, en se retirant, avait laissé des traces cruelles. Jean Blanc était atteint de cet horrible mal qui effraie la foule et repousse jusqu'à la pitié : il était épileptique.

» Ce fut au milieu de cette souffrance morne et sans espoir que vint le chercher le bonheur, un bonheur si grand qu'on n'en peut point espérer de plus complet au Ciel même, mais un bonheur bien court, hélas! et qui, éclipsé, le replongea dans sa nuit profonde, plus désespéré que jamais.

» Il se trouva une femme, plus belle que les autres femmes, qui se prit de pitié pour ce malheureux rebut de l'humanité. C'était une jeune fille, bonne, douce, aimée.

Elle avait nom Sainte et méritait son nom. Elle ne s'enfuit point la première fois que Jean Blanc lui parla; elle lui permit de s'asseoir au feu de sa loge, et, quand Jean Blanc eut soif, elle lui donna le lait de sa chèvre... Cela t'étonne, ami Jude, dit brusquement Pelo Rouan; — et pourtant elle fit plus que cela. Jean Blanc est un homme sous le masque hideux que le sort lui a infligé. Auprès de cette belle jeune fille, l'amour le brûlait, et un jour il osa lui dire : je t'aime... »

— Eh bien! dit Jude d'un ton légèrement goguenard.

« Un an après, Marie vint au monde, Marie qui est le gracieux portrait de sa mère et que les gens de la forêt nomment

Fleur-des-Genêts, parce que cette fleur est la plus jolie qui croisse dans nos sauvages campagnes... Marie est la fille de Jean Blanc et de Sainte. »

— C'était une brave fille que cette Sainte, murmura Jude que l'histoire amusait désormais médiocrement.

« C'était une angélique et miséricordieuse enfant. Les deux années que Jean Blanc passa près d'elle furent comme une riante oasis au milieu de l'aride désert de sa vie. Il s'enivrait à sa félicité présente; il oubliait les blessures cicatrisées de son cœur, il n'avait ni désir, ni crainte, ni espoir : il vivait en elle comme les élus vivent en Dieu...

Pelo Rouan s'arrêta et passa lentement sa main sur son front.

« Cela dura deux ans, reprit-il après un silence et d'une voix tremblante; — au bout de deux ans, Jean Blanc revit des soldats de France et des gens de l'impôt. Vaunoy avait découvert sa retraite : sa pauvre cabane fut de nouveau envahie. Une première fois il les chassa ; ils revinrent en son absence, et un lâche, — un soldat du roi ! —outragea Sainte, qui n'avait pour défense que le berceau de sa fille endormie.

» Je ne te conterai point ce qui suivit ; je ne le pourrais pas, mon homme, car mon sang bouillonne; et, au moment où je te parle, il me faut mes deux mains pour contenir les battemens de mon cœur.

« Sainte mourut en priant Dieu pour Jean et pour sa fille... »

Pelo Rouan s'interrompit encore. Sa voix défaillait.

— Sur ma foi, grommela Jude, il est de fait que le bon garçon ne doit pas aimer beaucoup les gens du roi de France.

— Il les hait ! s'écria Pelo avec explosion, — et moi, tout ce qu'il hait, je le déteste... Ah ! l'un d'eux voudrait faire à la fille ce qu'un autre fit à la mère... ma pauvre Sainte !..... Mais, sur mon Dieu, ami Jude, il y a un vieux mousquet qui veille autour de Fleur-des-Genêts : une bonne arme, portant loin et juste... Puisque tu sers le capitaine Didier, conseille-lui, crois-moi, de borner ses désirs à la fille de son hôte et d'oublier le chemin des sentiers perdus que fréquente Marie.

— J'ignore les secrets du capitaine, répondit Jude avec froideur ; — je sais seulement qu'il est généreux et loyal. Si quelqu'un l'attaque, traîtreusement ou en face, sauf le service de Treml, mon aide ne lui fera point défaut.

» A ta volonté, mon homme... Jean Blanc chargea sa fille sur ses épaules et traversa de nouveau la forêt. Il avait la mort dans le cœur, et sa tête roulait cette fois des projets de vengeance. La vue du lieu où avait été assassiné son père raviva d'anciens souvenirs. Le passé et le présent se combinèrent : une haine immense, implacable fermenta dans son ame.

» Il se trouva que, vers cette époque, les pauvres gens de la forêt, traqués à la fois par l'intendant royal et les seigneurs de terres, qui, à l'instigation de Vaunoy, avaient fait dessein de les chasser de leurs domaines, relevèrent la tête et tentèrent d'opposer la force à la force. Ils continuèrent d'habiter le jour leurs loges; mais la nuit ils se rassemblèrent dans les grands souterrains de la Fosse-aux-Loups, dont, au moment du besoin, un homme leur enseigna le secret.

» Cet homme était Jean Blanc, qui avait découvert autrefois la bouche de la caverne, à quinze pas de son ancienne loge, derrière les deux moulins à vent ruinés.

» Un jour, au temps où Jean Blanc était

faible, il avait dit : Le lapin se fait loup pour protéger ceux qu'il aime. — Jean Blanc avait vu mourir ou disparaître tous ceux qu'il aimait : il ne pouvait plus protéger ; ce fut pour venger que le lapin se fit loup. »

— On m'avait dit quelque chose comme cela, interrompit Jude.

« Ce fut vers le même temps, reprit le charbonnier, que je vins m'établir dans cette loge. Pour des motifs que tu n'as pas besoin de connaître, je pris avec moi la fille de Jean Blanc et je l'élevai. Dans son enfance, avec les beaux traits de sa mère, elle avait les blancs cheveux du pauvre albinos, mais l'âge a mis un reflet d'or aux boucles brillantes qui encadrent le front gracieux de la fleur de la forêt : elle n'a plus rien de son père ; elle est belle.

« Que te dirai-je encore ? tu es dans le pays depuis hier, tu as dû entendre parler des loups. C'est le premier mot qui frappe l'oreille du voyageur à son arrivée dans la forêt ; c'est le dernier qu'il entend à son départ. Les cupides hobereaux, qui pour gagner quelques cordes de bois ont voulu arracher le pain à cinq cents familles, tremblent maintenant derrière les murailles lésardées de leurs gentilhommières. Non-seulement les gens du roi ne se risquent plus guère dans la forêt, mais cet épais gourmand qui tient maintenant la ferme de l'impôt, Béchameil regarde à deux fois avant d'envoyer à Paris le produit de ses recettes, — parce que la forêt est entre Rennes et Paris. »

— C'est fort bien, dit Jude, les Loups sont de redoutables soldats, mais ne pourrions-nous pas parler un peu de Treml, et revenir à ce moyen?...

— Ami, interrompit Pelo Rouan, les Loups et Treml ont plus de rapport entre eux que tu ne penses. M. Nicolas, dont Dieu ait l'âme, fut le dernier gentilhomme breton : les Loups sont les derniers Bretons... Quant au moyen, si honnête, bon et brave serviteur que tu puisses être, on n'a pas attendu ton retour pour le tenter... Jean Blanc a autant et plus de hâte que toi d'en finir avec Vaunoy, car Mathieu et Sainte ne sont pas encore vengés. — Or, le jour où Vaunoy aura dit son dernier mot sur Treml, Jean Blanc chargera son vieux mousquet et recommencera la chasse interrompue, il y a dix-huit ans, sur la lisière de la forêt; mais jusqu'ici ce misérable meurtrier a toujours échappé. Dernièrement encore, le manoir du Boüexis a été attaqué dans le seul but de s'emparer de sa personne : il l'avait quitté cette nuit même, et les assaillans n'ont trouvé que les débris, tièdes encore, de son repas du soir.

— Vaunoy est un madré gibier, dit Jude en secouant la tête.

— Jean blanc est un chasseur patient, répondit Pelo Rouan, et sa meute se compose de deux mille Loups.

— Est-ce ainsi ? s'écria Jude dont la lente intelligence fut enfin frappée ; Jean serait-il ce mystérieux et terrible Loup blanc ?...

— Mon compagnon, interrompit le charbonnier avec une légère ironie, — Jean est Loup et il est blanc ; mais je ne sais si c'est de lui que parlent, aux veillées des manoirs voisins, les vieilles femmes de charge et les valets peureux... Jean Blanc peut beaucoup ; mais il est toujours le malheureux sur qui pèse incessamment le doigt de Dieu. Les accès de son terrible mal deviennent de jour en jour plus fréquens... Et, certes, ajouta Pelo Rouan, dont la voix s'étrangla tout à coup, — il n'eût pas pu faire le récit que vous venez d'entendre sans porter la peine de sa témérité : Jean n'affronte jamais en vain ses souvenirs.

Après avoir prononcé péniblement ces derniers mots, Pelo Rouan garda le silence et Jude le vit s'agiter convulsivement sur son banc.

— Qu'avez-vous ? demanda-t-il.

— Va-t-en ! dit avec effort le charbonnier ; — tu sais tout ce que je pouvais t'apprendre.

— Mais que dois-je faire ? ne puis-je aider Jean Blanc ?

— Va-t-en ! répéta impérieusement Pelo ; au nom de Dieu, va-t-en !... Quand l'heure sera venue, Jean Blanc saura te trouver.

Jude étonné se leva et se dirigea vers la porte de la loge. Avant qu'il eût passé le seuil, Pélo glissa du banc et tomba sur le sol où il se roula en poussant des gémissemens étouffés. Jude se retourna, mais le jour baissait. La loge était de plus en plus sombre ; il aperçut seulement une masse noire qui se mouvait désordonnément dans les ténèbres.

— Qu'avez-vous, mon compagnon ? demanda-t-il encore en adoucissant sa rude voix.

Un cri d'angoisse lui répondit ; puis la voix de Pelo Rouan s'éleva brisée, méconnaissable, et dit pour la troisième fois :

— Va-t-en !

Jude obéit, et, comme il n'avait point coutume de s'occuper longtemps des choses qu'il ne comprenait pas, à peine monté à cheval il oublia Pelo pour songer uniquement à Jean Blanc, aux Loups, et aux moyens de prendre au piége Hervé de Vaunoy vivant.

En songeant ainsi il éperonna son cheval, et prit la route de Rennes où son nouveau maître lui avait donné rendez-vous.

On entendait encore le bruit des pas de son cheval sous le couvert, que déjà la porte de la loge se refermait. Fleur-des-Genêts était rentrée ; elle alluma une lampe. Pelo Rouan gisait à terre en proie à une furieuse attaque d'épilepsie.

La jolie fille était sans doute familière

avec ces effrayans accès, car elle s'empressa aussitôt autour de son père, et le soigna sans manifester d'autre émotion que celle de sa douleur.

A la lueur de la lampe, la loge semblait moins misérable et plus habitable. On apercevait dans un coin une petite porte qui donnait issue dans la retraite de Marie. Au-dessus du manteau de la cheminée pendaient une paire de pistolets et un lourd mousquet de forme ancienne. Vis-à-vis et auprès de la porte se trouvait une de ces horloges à poids, comme on en voit encore dans presque toutes les fermes bretonnes.

Au moment où l'attaque du charbonnier sévissait dans toute sa force, on frappa d'une façon particulière à la porte extérieure, et Fleur-des-Genêts ouvrit sans hésiter. L'homme qui entra était revêtu du costume des paysans de la forêt, et portait sur son visage le masque fauve dont il a été déjà plus d'une fois question dans ces pages. Il passa vivement le seuil.

— Où est le maître? dit-il d'une voix brève.

Fleur-des-Genêts lui montra Pelo Rouan, qui, l'écume à la bouche, se tordait convulsivement sur la terre humide de la loge.

Le nouveau venu laisse échapper un juron de colère, et s'assit en murmurant sur un banc. L'accès dura longtemps. De minute en minute, le nouveau venu, qui était un Loup, regardait l'horloge avec impatience. Lorsque l'aiguille eût fait le tour du cadran, il se leva et frappa violemment du pied.

— Voilà une malencontreuse attaque, ma fille! dit-il. Tu diras à ton père que Yaumi est venu, qu'il l'a attendu... et que Pelo Rouan regrettera toute sa vie de n'avoir pas pu profiter de l'heure qui vient de s'écouler.

Comme le Loup finissait de parler, Pelo poussa un long soupir et détendit ses membres crispés.

— Il revient à lui! s'écria Marie qui approcha des lèvres du malade une fiole dont il but avidement le contenu.

Après avoir bu, il passa la main sur son front dégouttant de sueur, et se leva à l'aide du bras de la jolie fille. En apercevant le Loup, il tressaillit.

— Laisse-nous, dit-il à Marie.

Celle-ci obéit, mais lentement. Elle quittait à regret son père en un moment pareil. Avant qu'elle eût franchi la porte de sa retraite, Pelo Rouan et le Loup avaient entamé déjà leur entretien.

— Qu'y a-t-il ? demanda le charbonnier.

Yaumi jeta un regard de défiance vers Marie et prononça quelques mots à voix basse.

— Dis-tu vrai! s'écria Pelo qui se dressa de toute sa hauteur; — le ciel aurait-il enfin condamné cet homme!

En même temps, il fit mine de s'élancer vers la porte, Yaumi le retint.

— Je me doutais bien, maître, dit-il, que ce serait pour vous un grand crève-cœur... Le ciel l'avait condamné peut-être; vous l'avez absous... L'heure d'agir est depuis longtemps passée!

Yaumi étendit la main vers l'horloge à poids.

— On m'avait donné deux heures, ajouta-t-il; — j'en ai perdu une à vous voir souffrir.

Pelo Rouan serra les poings avec violence et s'assit sur le banc.

— Qu'a-t-on fait là-bas? demanda-t-il.

Yaumi prononçait les premiers mots de sa réponse, toujours à voix basse, au moment où Marie tirait à soi la porte de sa retraite. Par hasard, un de ces mots arriva jusqu'à elle. La jolie fille changea de couleur, laissa la porte entrebâillée, et mit son oreille à l'ouverture.

Le mot qu'elle avait entendu était le nom du beau capitaine.

LA PREMIÈRE BÉCHAMELLE.

XXVII

Ce jour-là, Antinoüs Béchameil, marquis de Nointel, avait résolu de frapper un coup décisif sur le cœur de sa belle inhumaine : c'était ainsi qu'il appelait mademoiselle de Vaunoy. Il ne dormit guère que deux heures après son déjeûner et gagna ensuite en toute hâte les cuisines du château de la Tremlays, où il demanda le chef à grands cris.

Béchameil se trouvait chez M. de Vaunoy en voisin et sans cérémonie. Ce fut réel dommage pour lui en cette circonstance importante, car, privé des précieux conseils du juif Salomon Bador, son cuisinier, dont les mémoires du temps parlent avec estime, il dut faire ressource uniquement sur les inspirations de son propre génie. Heureusement, son génie était particulièrement fertile en tout ce qui concerne la cuisine, et ses ennemis les plus acharnés ne peuvent méconnaître cette vérité : que la nature l'avait doué de dispositions fort éclatantes, et que cet intendant royal possédait moralement tout ce qu'il faut pour faire un marmiton de choix.

Il n'est personne qui ne désire se montrer avec tous ses avantages aux yeux de celle qu'il aime. Béchameil n'avait point de rayons pour incendier ses maîtresses à l'instar de Jupiter; son plumage, fort ordinaire, ne lui permettait point de faire la roue, et il se rendait d'assez bonne foi justice à l'égard de son éloquence. A ces causes, quittant les routes battues de la galanterie vulgaire, il résolut de séduire mademoiselle de Vaunoy définitivement et d'un seul coup, à l'aide d'un blanc-manger du plus parfait mérite, blanc-manger exquis, original, nouveau, dont Alix goûterait la première et qui garderait le nom de cette belle personne afin de l'immortaliser dans les siècles futurs.

Ovide, Raphaël, Pétrarque, Titien, Léonard de Vinci, sans parler d'une foule d'autres amans célèbres, rendirent le même service à leurs maîtresses respectives.

Il ne faut pas croire que M. le marquis de Nointel fût descendu aux cuisines de la Tremlays avec un projet vague et mal arrêté. Son blanc-manger était dans sa tête, complet et tout d'un bloc. Il n'y manquait ni un scrupule de muscade, ni une pointe de girofle, ni un atôme de canelle. Les poètes dramatiques, nous parlons des moins sifflés, ne coordonnèrent jamais avec tant d'art le plan d'un chef-d'œuvre que M. de Béchameil le plan de son suprême. Aussi disons-le tout de suite, le plat de l'intendant royal devait vivre plus d'années que les comédies ne vivent de jours, que les tragédies n'agonisent de minutes. Ce devait être un blanc-manger immortel, glorieux, universel, un blanc-manger que les restaurateurs des cinq parties du monde inscriront avec fierté sur leurs cartes jusqu'à la consommation des âges!

Le cuisinier de la Tremlays mit à la disposition de son illustre confrère ses épices et ses fourneaux. Béchameil se recueillit dix minutes; puis, avec la précision nécessaire à toutes les grandes entreprises, il se mit résolument à l'œuvre.

La vieille Goton Rehou, femme de charge

du château, qui fumait sa pipe dans un coin de la cheminée, tandis que l'intendant royal opérait, répéta souvent depuis qu'elle n'avait, de sa vie, vu un mitron si ardent à la besogne.

L'intendant royal n'avait garde de faire attention à la vieille. Il avait retroussé les manches de son habit à la française, rentré la dentelle de son jabot et rejeté sa perruque en arrière. Son rouge visage atteignait les nuances les plus vives de la pourpre, cette royale couleur que l'antiquité ne nous a point léguée. Ses yeux étaient vifs, brillans, pleins de pensée. Ses mains blanches et chargées de diamans agitaient la queue de la casserolle avec une grâce indescriptible. Tout observateur impartial eût déclaré qu'il était là, plus que partout ailleurs, à sa place.

—Divine Alix! murmurai-t-il plus tendrement à mesure que la fumée s'élevait, plus savoureuse, vers la voûte noircie; — vous qui possédez toutes perfections, vous devez être douée du plus délicat de tous les goûts... si vous résistez à ce turbot, je n'aurai plus... une idée de gingembre ne peut que faire du bien... je n'aurai plus qu'à mourir!

C'était la phrase consacrée en ce siècle où les amans parlaient en déplorables madrigaux et non point autrement.

Béchameil mettait une pincée de gingembre et ouvrait convulsivement ses narines pour saisir l'effet.

— Délicieux! céleste! disait-il ; Alix, vous êtes à moi, ma belle inhumaine! il faudrait être une sauvage pour résister à un pareil arôme!

— C'est vrai que ça sent bon! grommela Goton dans son coin.

Béchameil mit son binocle à l'œil et regarda du côté de la cheminée d'un air modeste et satisfait.

— N'est-ce pas, excellente vieille? s'écria-t-il. C'est un manger d'impératrice!

— Ça doit faire un fier ragoût, c'est la vérité, répondit Goton en rallumant sa pipe avec gravité, — mais, sauf respect de vous, si j'étais homme et marquis, m'est avis que j'aimerais mieux manier une épée que la queue d'une casserole.

Béchamel laissa retomber son binocle et, se détournant de dame Goton avec mépris, il rendit son ame tout entière à la pensée de la belle Alix.

Celle-ci, par contre, ne songeait en aucune façon à l'intendant royal ; elle était assise auprès de sa tante, mademoiselle Olive de Vaunoy, dans le petit salon de la Tremlays, et travaillait avec distraction à un ouvrage de broderie. Mademoiselle Olive faisait de même ; mais cette recommandable personne avait eu soin de se placer entre trois glaces. — De sorte que, de quelque côté qu'elle voulût bien tourner la tête, elle était sûre de se sourire à elle-même et d'apercevoir dans toute son ambitieuse majesté l'édifice imposant de sa coiffure. Chaque fois qu'elle tirait son aiguille, elle jetait à l'un des trois miroirs une œillade pleine de coquetterie que le miroir lui rendait fort exactement. Ce jeu innocent paraissait satisfaire on ne peut davantage mademoiselle Olive de Vaunoy ; mais c'était un jeu muet, et la langue de mademoiselle Olive était pour le moins aussi exigeante que ses yeux.

A plusieurs reprises, elle avait essayé déjà d'entamer une conversation avec sa nièce sur ses sujets favoris, savoir : les défauts du prochain, le plus ou moins de mérite des chiffons récemment arrivés de Rennes, et surtout les romans de madem oiselle de Scudéry, qui étaient encore à la mode en Bretagne.

Alix avait répondu par des monosyllabes et à contre-propos. Non-seulement elle ne donnait pas la réplique, mais elle n'écoutait pas, chose cruellement mortifiante en soi pour tout interlocuteur, mais qui devient accablante pour une demoiselle d'un certain âge, prise du besoin de causer.

— Mon Dieu, mon enfant, dit enfin la tante après avoir fait effort pour garder un silence profond durant la majeure partie d'une minute, — ceci est intolérable... je vous conjure de me dire où vous avez l'esprit depuis une heure!

Alix releva lentement sur sa tante ses grands yeux fixes et distraits.

— Je pense comme vous, répondit-elle au hasard.

— Encore !... mais c'est de la rêverie, enfant !... auriez-vous donc ?...

Mademoiselle Olive avait lu la veille dans Clélie que la rêverie, doux et charmant symptôme, annonce l'amour. Elle fut sur le point de faire à ce sujet une question directe à sa nièce, mais elle n'osa pas. Le caractère ferme et digne d'Alix imposait quelque peu à la vieille demoiselle.

— Ma mignonne, reprit cette dernière avec une intention diplomatique bien marquée, — ne trouvez-vous pas comme moi que c'est un charmant jeune homme?

— Il faut que je le voie! répondit résolument Alix.

— Le voir, mon amour, le voir! Comment l'entendez-vous, je vous prie? Il y a plusieurs sortes d'entrevues : la simple conversation, plaisir décent et que chacun se peut permettre; — l'entretien particulier, où deux ames s'isolent au milieu de la foule... prenez garde ma mignonne!... enfin le tête-à-tête, qui ne s'accorde qu'avec la plus extrême réserve et qu'une jeune fille ne doit point... Lui auriez-vous accordé un tête-à-tête, mon amour?

Lorsque mademoiselle Olive parlait, sa nièce l'écoutait quelquefois avec une patience héroïque. Mais, ce jour-là, une invincible préoccupation absorbait Alix et la longue tirade de sa tante passa par son ouïe sans produire d'autre effet qu'un vain bourdonnement.

— Je vous demande, mon amour, si vous avez eu l'impardonnable imprudence d'accorder un tête-à-tête? répéta mademoiselle Olive avec un commencement d'aigreur.

Alix sembla se réveiller en sursaut et regarda sa tante avec étonnement.

— Je pense, mon enfant, reprit encore Olive en contenant son humeur, — que vous allez me faire la grâce de me répondre, ne fût-ce que par oui ou non.

— Sans doute, ma tante...

— Hé bien?...

— Oui, ma tante.

— Mademoiselle Olive s'agita fébrilement sur son siége. Alix se leva, la salua et sortit.

— Allons! s'écria Olive en regardant par habitude la glace qui, cette fois, au lieu d'un sourire, lui renvoya une fort laide grimace; — elle a du moins le mérite de la franchise... Oui, ma tante... Et pas la moindre émotion! pas le plus petit soupir! Oui, ma tante!... Ne dirait-on pas qu'il s'agit de la chose du monde la plus simple! Oui, ma tante! Un rendez-vous! une intrigue dans les formes... et pas de mystère... en plein jour... Oui, ma tante!... Ah! si jamais l'amour m'avait blessée, moi, de ses traits brûlans, de quel voile charmant j'aurais enveloppé ma faiblesse! J'aurais été soupirer le nom du bien-aimé à la brise des soirs; j'aurais erré à minuit sous la charmille; j'aurais passé des heures délicieuses à contempler la lune...

Mademoiselle Olive de Vaunoy dit encore une multitude de ravissantes choses, que nous passons à regret sous silence.

Alix ne se doutait guère de l'orage qu'elle venait de soulever. A vrai dire, elle avait autre chose en tête.

Elle traversa rapidement le corridor et gagna sa chambre où elle se prit à marcher à grands pas.

— Je veux le voir! dit-elle encore après quelques minutes d'un silence agité.

Elle prit dans sa cassette une bourse de soie, et agita vivement une petite sonnette d'argent posée à son chevet. Ce coup de sonnette était un appel à l'adresse de mademoiselle Renée, fille de chambre d'Alix.

Renée se hâta de mettre fin à un entretien rempli d'intérêt qu'elle avait dans le vestibule avec le bel Yvon, valet des chiens de la Tremlays, rajusta sa coiffe, lissa ses cheveux légèrement ébouriffés d'un revers de main, et monta les escaliers quatre à quatre.

— Prévenez Lapierre, dit Alix, que je veux lui parler sur-le-champ.

Renée sortit, et l'instant d'après Lapierre était introduit dans l'appartement de mademoiselle de Vaunoy. A sa vue, Alix ne put retenir un geste de violent dégoût.

Lapierre entra chapeau bas, mais gardant sur son visage l'expression d'indifférente effronterie qui lui était naturelle.

— Mademoiselle m'a fait appeler? dit-il.

Alix s'assit et fit signe à Renée de s'éloigner. Pendant un instant elle garda le silence et baissa les yeux, comme si elle eût hésité à prendre la parole.

— Tenez-vous beaucoup à rester au service de M. de Vaunoy? demanda-t-elle enfin avec une sorte de brusquerie.

Un autre se fût peut-être étonné de cette question, mais Lapierre était à l'épreuve.

— Infiniment, mademoiselle, répondit-il.

— C'est fâcheux, reprit Alix qui surmontait son trouble et regagnait sa fermeté accoutumée; — c'est fâcheux, car j'ai résolu de vous éloigner.

— Vous? mademoiselle.

— Moi.

— Et m'est-il permis de vous demander?...

— Non.

Lapierre baissa la tête et sourit dans sa barbe. Alix aperçut ce mouvement, et une rougeur épaisse couvrit son beau front.

— Vous quitterez la Tremlays, poursuivit-elle en refoulant une exclamation de colère méprisante; — il le faut, je le veux...

— Peste!... murmura ironiquement Lapierre.

— Vous quitterez la Tremlays aujourd'hui, — à l'instant.

— Sitôt que cela!...

— Silence!... si vous vous retirez de bon gré, je paierai votre obéissance. — Alix fit sonner les pièces d'or que contenait la bourse de soie; — si vous résistez, je vous ferai chasser par mon père.

— Ah!... fit Lapierre avec insouciance.

— Voulez-vous cet or?

— Oui... mais je veux rester... à moins pourtant que mademoiselle ne daigne me dire, ajouta-t-il d'un ton d'ironie pendable; — comment un pauvre diable comme moi a pu s'attirer la haine d'une fille de noble maison... Je suis très curieux de savoir cela.

— De la haine! répéta Alix, dont tous les traits exprimèrent le plus profond mépris; — vous perdez le respect... Mais je veux bien vous dire pourquoi votre séjour au château est désormais impossible... Vous êtes un assassin, Lapierre.

— Ah!... fit encore celui-ci sans s'émouvoir le moins du monde.

— Je ne sais pas, poursuivit Alix, ce

qu'il pût jamais y avoir de commun entre un homme comme vous et le capitaine Didier...

— Nous y voilà! interrompit Lapierre assez haut pour être entendu.

— Paix, vous dis-je, ou je ferai châtier votre insolence!... J'ignore ce qui a pu vous porter à ce crime, mais c'est vous qui avez attaqué nuitamment, l'année dernière, le capitaine Didier, dans les rues de Rennes.

— Vous vous trompez, mademoiselle.

Alix tira de son sein la médaille de cuivre que le lecteur connaît déjà.

— Le mensonge est inutile, continua-t-elle, c'est moi qui pansai votre blessure quand on vous ramena à l'hôtel, et je trouvai sur vous cette médaille que je savais appartenir au capitaine Didier... Vous la lui aviez volée croyant sans doute qu'elle était en or.

— Et vous, mademoiselle, répartit Lapierre en souriant, — vous l'avez gardée précieusement depuis ce temps, quoiqu'elle ne soit que de cuivre.

— Niez-vous encore, demanda Alix sans daigner répondre.

— A quoi bon?

— Alors vous ne vous refuserez pas à quitter le château?...

— Si fait !

— Mais, misérable! s'écria mademoiselle de Vaunoy, votre insolence atteint au délire; ne craignez-vous pas que je vous dénonce à mon père?

Lapierre éclata de rire. Alix se leva indignée.

— C'en est trop, dit-elle; dès que mon père sera de retour...

— Qui sait quand votre père reviendra, mademoiselle? prononça Lapierre à voix basse.

— Que voulez-vous dire? demanda vivement la jeune fille saisie d'une vague inquiétude.

Lapierre ouvrit la bouche pour parler,

mais il se retint et rappela sur sa lèvre son sourire d'insouciante ironie.

— Nous sommes tous mortels, dit-il en s'inclinant, et chaque homme est exposé sept fois à périr en un seul jour... voilà tout ce que je voulais vous dire, mademoiselle... Quand à votre menace, elle est faite, n'en parlons plus, mais gardez, je vous conjure, celles que vous pourriez être tentée de m'adresser à l'avenir... Il est humiliant et pénible de menacer en vain un valet.

— Mais, sur le nom de ma mère! s'écria Alix que cette longue provocation jetait hors d'elle-même, — je ne menace pas en vain. M. de Vaunoy saura tout...

— Changez le temps... Je sais un peu

de grammaire... Au lieu du futur mettez le présent, et vous aurez dit la vérité, mademoiselle.

— Je ne vous comprends pas! balbutia Alix qui devint pâle et chancela.

— Si fait, mademoiselle, vous me comprenez, et parfaitement. Croyez-moi, ne me forcez point à mettre les points sur les i.

— Expliquez-vous! expliquez-vous! dit Alix avec effort.

— A votre volonté... Le bon sens exquis qui vous distingue vous avait fait deviner tout d'abord qu'une haine ne pouvait exister entre un honnête garçon tel que moi et un enfant sans père, comme est le capitaine Didier..... Cette haine, en effet, n'existe pas. Mais le sort a été injuste à mon égard ; je ne suis qu'un valet ; la haine d'autrui peut devenir ma haine, et, pour gagner mes gages, je puis avoir à tirer l'épée comme si je haïssais réellement...

— Tu mens !... interrompit la jeune fille atterrée.

— Vous savez bien que non... J'ai tué parce qu'on m'a dit : tue...

— Oses-tu bien accuser mon père, infâme !...

— Moi !... Je ne pense pas avoir prononcé le nom respectable de M. Hervé de Vaunoy... Mais, à bon entendeur, salut !

— Tu mens ! tu mens ! répétait Alix dont la tête se perdait.

— Mettons que je mente, mademoiselle, pour peu que cela puisse vous être agréable... mais, que je mente ou non, si, comme je le crois, vous portez quelque intérêt au capitaine Didier, ne perdez pas votre temps à menacer un homme qui ne peut pas vous craindre... Cet homme, d'ailleurs, n'est que l'instrument : arrêtez le bras ou fléchissez le cœur...

Il s'arrêta et ajouta plus bas :

— Et, quand votre père reviendra, — s'il vous est donné de revoir votre père, — agissez sans perdre une minute !

A ces mots. Lapierre salua profondément et prit congé avec toute l'apparence du calme le plus parfait.

Alix n'entendit point ses dernières paroles; mais elle en avait assez entendu. Dès que le valet fut parti, elle s'affaissa sur son siège et mit sa tête entre ses mains. Un monde de pensées navrantes fit irruption dans son cerveau.

— Mon père! mon père!... murmurait-elle au travers de ses déchirans sanglots; je ne veux pas le croire... ce misérable ment...

Elle avait beau faire, une horrible conviction s'implantait dans son ame : c'était son père qui avait ordonné l'assassinat de Didier.

Pourquoi?

Elle se leva, chancelante, et agita sa

sonnette. Elle voulait joindre Didier, lui conseiller de fuir une maison où sa vie devait être en danger, lui dire... Que lui dire sans accuser son père?

Lorsque Renée se rendit à l'appel de la sonnette, elle trouva sa jeune maîtresse évanouie sur le plancher. Alix avait succombé à sa poignante émotion. A la suite de son évanouissement une fièvre terrible s'empara d'elle, le délire la prit, et ceux qui l'approchèrent crurent reconnaître en elle les symptômes d'une maladie grave, sinon mortelle.

L'heure du dîner vint, cependant, comme si de rien n'était, et M. de Béchameil, quittant la cuisine, fit son entrée dans le salon, suivi de son incomparable blanc-manger.

Le digne financier avait un air à la fois modeste et conscient de sa valeur. Il semblait savourer par avance les unanimes éloges qui allaient accueillir ce chef-d'œuvre de l'art culinaire, et préparait déjà une phrase en forme de madrigal, à l'aide de laquelle il comptait offrir à mademoiselle de Vaunoy l'honneur d'attacher son nom au plat nouveau-né. Certes, ce n'était point là une mince aubaine pour la belle Alix. Il y allait de l'immortalité, car le plat n'était rien moins qu'un turbot à la Béchamelle (les cuisiniers ont faussé l'orthographe de ce nom célèbre), c'était, en un mot, la première de toutes les Béchamelles.

Hélas! le hasard a des voies inconnues et les desseins des hommes sont étrangement caducs! La virginité de ce précieux aliment devait tomber en partage aux palais mal appris de deux ignobles valets!

En entrant dans le salon, Béchameil orna sa lèvre de son plus avenant sourire afin de saluer ses hôtes. Ce fut en pure perte : il n'y avait point de convives.

Hervé de Vaunoy n'avait pas reparu. Alix était en proie à d'atroces souffrances; mademoiselle Olive la soignait. Didier était on ne savait où.

Ce que voyant, Béchameil, ordinairement si paisible, entra dans une violente fureur. Désolé de n'avoir personne pour apprécier les mérites de son blanc-manger, il demanda son carrosse séance tenante, et partit au galop pour sa Folie de la Cour-Rose.

Le blanc-manger resta sur la table.

Une heure après, le majordome et Lapierre entrèrent par hasard dans le salon.

— Il ne reviendra pas, dit Lapierre.

— Tu es un oiseau de mauvais augure, répondit le vieux Alain : — il reviendra.

Les deux valets avisèrent le blanc-manger. Ils s'attablèrent sans cérémonie. Nous devons croire que la béchamelle se trouva être de leur goût, car, au bout de dix minutes, il n'en restait plus trace.

— Il ne reviendra pas! répéta Lapierre

en se renversant sur son siége comme un homme qui a bien dîné.

— Il reviendra! répéta de son côté maître Alain, qui introduisit dans sa large bouche le goulot de sa bouteille carrée;— en veux-tu?

— Volontiers... S'il ne revient pas, nous pourrons bien n'y rien perdre. Ce petit soldat de Didier a le cœur généreux et la main toujours ouverte... il achètera notre marchandise un bon prix.

— Et s'il nous fait pendre?...

— Allons donc!...

On frappa trois rudes coups à la porte extérieure. Les deux valets tressautèrent sur leurs siéges.

— C'est Vaunoy, dit le vieux majordôme.

— Ou Didier ! repartit Lapierre. — Une idée !... Si c'est Didier, veux-tu que nous parlions ?... Vaunoy est avare... Nous pourrissons à son service.

Alain hésita et but. Quand il eut bu, il n'hésita plus.

— Tope, s'écria-t-il gaillardement; — si c'est Didier, nous parlerons... Vaunoy, s'il revient ensuite, reviendra trop tard... Mais, si c'est Vaunoy ?

— Alors, il deviendra pour moi incontestable que Satan le protége, et... que Dieu ait l'ame du capitaine !

— *Amen !* répondit maître Alain.

On entendit des pas dans l'antichambre.

Les deux valets se levèrent et clouèrent leurs regards à la porte.

— Quelque chose me dit que c'est le capitaine, murmura Lapierre.

— Moi, je parierais que c'est Vaunoy, riposta le majordome.

— Hé bien! parions!

— Parions!

— Un écu pour le capitaine!

— Un écu pour Vaunoy...

FIN DU DEUXIÈME VOLUME.

TABLE

Des chapitres du deuxième volume.

CHAPITRE XVI. Le conseil privé. 3
— XVII. Visite matinale. 25
— XVIII. Rêves. 43
— XIX. Sous la charmille. 63
— XX. Avant et après déjeûner. . . 87
— XXI. Mademoiselle de Vaunoy. . 121
— XXII. Deux bons serviteurs. . . 143
— XXIII. Voyage de Jude Leker. . . 171
— XXIV. La loge. 202
— XXV. Huit hommes et un collecteur. 231
— XXVI. Un accès de haut-mal. . . 261
— XXVII. La première Béchamelle. . 291

FIN DE LA TABLE DU DEUXIÈME VOLUME.

Fontainebleau.—Imprimerie de E. JACQUIN.

EN VENTE.

Richard le Fauconnier, par Élie Berthet . . . . 2 vol. in-8.
Les Bohémiens de Paris, par Roland Bauchery . . . 2 vol. in-8.
Mémoires d'un Ange, par Emmanuel Gonzalez . . . 2 vol. in-8.
Le Livre d'Amour, par   Id. . . . 2 vol. in-8.
Berthe l'Amoureuse, par Henri de Kock . . . . 2 vol. in-8.
Le Roi des Etudiants, par   Id. . . . . 2 vol. in-8.
La Reine des Grisettes, par   Id. . . . . 2 vol. in-8.
William Shakespeare, par Clémence Robert . . . 2 vol. in-8.
Le Roi, par   Id. . . . . 2 vol. in-8.
Le Marquis de Pombal, par   Id. . . . ⎫
La Duchesse d'York, par   Id. . . . ⎬ 2 vol. in-8.
La Duchesse de Chevreuse, par Id. . . . . 2 vol. in-8.
Les Enfants de l'Atelier, par Michel Masson et Clémence Robert . . . . 2 vol. in-8.
Thérésa, par Madame Charles Reybaud . . . . ⎫
La Mère Folle, par Auguste Arnould . . . . . ⎬ 2 vol. in-8.
La Vierge de Fribourg, par X.-B. Saintine . . . ⎫
La Marquise d'Alpujar, par Molé-Gentilhomme . . ⎬ 2 vol. in-8.
La Dernière sœur Grise, par Léon Gozlan . . . ⎫
Un Amour de Reine, par Clémence Robert . . . ⎬ 2 vol. in-8.

SOUS PRESSE.

Marie d'Anjou, par Molé-Gentilhomme.
Les Tombeaux de Saint-Denis, par Clémence Robert.
Le Couvent des Augustins, par   Id.
Souvenirs d'une Femme du Peuple, par Roland Bauchery.
L'Amant de Lucette, par Henri de Kock.
L'Honneur du Mari, par Auguste Arnould.
Le Pacte de Famine, par Élie Berthet.
La Ferme de l'Oseraie, par   Id.

Paris. — Imp. Schneider et Langrand, rue d'Erfurth, 1.

www.ingramcontent.com/pod-product-compliance
Lightning Source LLC
Chambersburg PA
CBHW060509170426
43199CB00011B/1382